미래와 통하는 책
동양북스 외국어 베스트 도서
700만 독자의 선택!

새로운 도서,
다양한 자료
동양북스 홈페이지에서 만나보세요!

www.dongyangbooks.com
m.dongyangbooks.com

※ 학습자료 및 MP3 제공 여부는 도서마다 상이하므로 확인 후 이용 바랍니다.

홈페이지 도서 자료실에서 학습자료 및 MP3 무료 다운로드

PC

❶ 홈페이지 접속 후 도서 자료실 클릭
❷ 하단 검색 창에 검색어 입력
❸ MP3, 정답과 해설, 부가자료 등 첨부파일 다운로드
  * 원하는 자료가 없는 경우 '요청하기' 클릭!

MOBILE

* 반드시 '인터넷, Safari, Chrome' App을 이용하여 홈페이지에 접속해주세요. (네이버, 다음 App 이용 시 첨부파일의 확장자명이 변경되어 저장되는 오류가 발생할 수 있습니다.)

❶ 홈페이지 접속 후 ≡ 터치

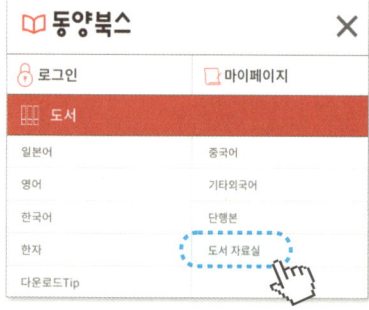

❷ 도서 자료실 터치

❸ 하단 검색창에 검색어 입력
❹ MP3, 정답과 해설, 부가자료 등 첨부파일 다운로드
  * 압축 해제 방법은 '다운로드 Tip' 참고

왕초보를 위한 프랑스어 입문 교재

버전업!
스마트 프랑스어

신중성 · 김지연 지음

Débutant
기초

동양북스

개정 9쇄 | 2023년 4월 10일

지은이 | 신중성, 김지연
발행인 | 김태웅
편　집 | 김현아
디자인 | 남은혜
마케팅 | 나재승
제　작 | 현대순

발행처 | ㈜동양북스
등　록 | 제 2014-000055호
주　소 | 서울시 마포구 동교로22길 14 (04030)
구입 문의 | 전화 (02)337-1737　팩스 (02)334-6624
내용 문의 | 전화 (02)337-1762　dybooks2@gmail.com

ISBN 978-89-98914-20-2 13760

ⓒ 신중성 · 김지연, 2011

▶ 본 책은 저작권법에 의해 보호를 받는 저작물이므로 무단 전재와 복제를 금합니다.
▶ 잘못된 책은 구입처에서 교환해드립니다.
▶ 도서출판 동양북스에서는 소중한 원고, 새로운 기획을 기다리고 있습니다.
　http://www.dongyangbooks.com

머리말 prologue

발음, 회화, 문법 이 세 마리 토끼를 한 번에 잡는다는 것은 비단 프랑스어뿐만 아니라 외국어를 배우는 모든 이들의 공통된 고민거리일 것입니다. 그래서 프랑스어에 첫 발을 떼는 이들에게는 가장 기본적이면서도 어려울 수 있는 발음에서부터 문법, 회화까지 쉽고 폭넓게 학습할 수 있도록 하기 위해 이 책을 펴내게 되었습니다.

이 책에서는 우선 짧은 구문이나 간단한 일상대화문을 통해 학습하게 될 문법사항에 대해 흥미를 이끌어내는 데 초점을 두었습니다. 쉽고 활용도가 높은 어휘를 통한 생동감 있는 회화표현은 프랑스어를 처음 배우는 사람에서부터 유학 준비생 및 시험을 준비하는 수험생들에게 큰 도움이 될 것입니다. 또한 각 과마다 어휘들이 제시되어 있어 사전 찾는 시간을 절약하도록 배려하였으며, 연습문제를 통해 배운 내용을 점검할 수 있도록 하여 학습능력을 최대한 증대시킬 수 있게 하였습니다. 수년간 강의하면서 학생들의 공통된 실수나 질문들을 자세한 문법 설명과 예문을 통해 이해시키고자 애썼습니다.

그리고 회화, 문법을 떠나 외국어를 배운다는 것은 그 나라의 문화를 배우는 것이기도 하기 때문에 프랑스 문화를 엿볼 수 있는 쉬어가기 코너도 마련하였습니다. 이는 본 저자가 현지에서 오랜 유학 경험을 바탕으로 프랑스인들의 사고방식이나 생활양식을 이해하는 데 도움이 되었던 내용들을 선별하여 실은 것입니다.

까다로운 발음과 문법 때문에 불어 공부가 쉽지만은 않지만, 프랑스어의 정확한 발음과 억양 연습을 위해 프랑스 원어민들의 발음을 참고하여 반복해서 듣고 소리 내 말하기를 계속한다면 좀더 자신감 있게 네이티브스피커처럼 말할 수 있을 것입니다.

차례 table des matières

Alphabet · 6

Leçon 01 Un livre, le ciel, du lait · 21

Leçon 02 Je suis coréen. · 26

Leçon 03 Vous regardez la télévision. · 36

Leçon 04 J'achète une jupe. · 42

Leçon 05 Je m'appelle Bernard. Et vous, vous vous appelez comment ? · 48

Leçon 06 C'est Marie. C'est une voiture. · 54

Leçon 07 Ce sont les livres du professeur. Il est au restaurant. · 60

Leçon 08 Ma voiture est rouge. · 64

Leçon 09 Vous avez une belle voiture. / Tu as quel âge ? · 72

Leçon 10 Il y a un lit dans ma chambre. · 82

Leçon **11** **Quelle heure est-il ?** · 90

Leçon **12** **Quel temps fait-il ?** · 98

Leçon **13** **Tu finis à 18 heures ?** · 104

Leçon **14** **Où allez-vous ? / Je ne peux pas** · 108

Leçon **15** **Qui regardez-vous ? / Que regardez-vous ?** · 118

Leçon **16** **Tu as passé une bonne journée ?** · 120

Leçon **17** **Je suis allée à la mer. Et je me suis baignée.** · 128

Leçon **18** **Qu'est-ce que vous allez faire cet après-midi ? / J'irai à Londres** · 134

Leçon **19** **Il est plus grand que moi.** · 142

Leçon **20** **Fais du sport !** · 150

Alphabet [alfabɛ]

A [ɑ]	B [be]	C [se]	D [de]	E [ə]	F [ɛf]
G [ʒe]	H [aʃ]	I [i]	J [ʒi]	K [ka]	L [ɛl]
M [ɛm]	N [ɛn]	O [o]	P [pe]	Q [ky]	R [ɛ:r]
S [ɛs]	T [te]	U [y]	V [ve]	W [dublǝve]	X [iks]
Y [igrɛk]	Z [zɛd]				

▶ **A, E, I, O, U, Y**의 여섯 개는 모음자이고, 그 외는 자음자이다. 프랑스어에서는 보통 모음자로 시작되는 단어 앞에서도 발음이나 문법상의 약속이 많이 있으므로 모음자로 시작되는 단어는 특히 주의를 해야 한다.

▶ **k**와 **w**는 순수한 프랑스어 자모가 아니고 외래어에 한해서 사용한다.

▶ 프랑스어에서는 위와 같이 자모 호칭과 실제의 발음이 대체로 일치하며, 영어와 같이 **a**를 아, 에, 에이 등 처럼 여러 가지로 발음되는 일은 극히 적고 한 가지는 거의 한 가지 발음으로 발음된다.

▶ 필기체도 영어와 같다.

▶ **w**는 **v**[ve]가 둘이니까 **double V**(두 개의 V)로 발음하며, **y**는 **i grec** 즉, 〈희랍어의 i〉라는 뜻이다.

▶ **b**와 **v**음 : **b**는 위, 아랫 입술을 가볍게 대어 발음하고, **v**는 아랫 입술을 윗 이로 가볍게 깨물고 윗 이에 마찰시켜 앞으로 보내면서 발음한다.

▶ **l**과 **r**음 : **l**은 혀 끝을 가볍게 위 잇몸에 대고 발음하고, **r**은 혀 끝을 아랫 잇몸에 대고 혀의 후부와 목젖으로 발음한다.

모음의 발음

음은 혀의 위치와 입술 모양에 따라 다른 음이 되는데, 프랑스어의 16모음에 대해 그 위치와 모양을 나타내면 다음과 같이 된다.

▶ **평순전설모음** : 입술을 평평하게 하고 혀를 앞으로 밀어서 발음하는 것으로 [a]에서 [i]로 옮겨감에 따라 입술이 점차 좌우로 열리고, 동시에 혀는 점차 앞으로 나온다. [ɛ]는 [열린 에], [e] [닫힌 에]로 된다.

▶ **원순후설모음** : 입술을 둥글게 하여 내밀고 혀를 뒤로 밀어서 발음하는 것으로, [a]에서 [u]로 옮겨감에 따라 입술은 점차 둥글게 내밀고, 동시에 혀는 구개에 따라 뒤로 물러난다. [ɔ]는 [열린 오], [o] [닫힌 오]이다.

▶ **원순전설모음** : 입술을 둥글게 내밀고 혀를 앞으로 밀면서 발음하는 것으로, 평순전설모음과 원순후설모음을 짜맞춘 모음이 된다.

▶ **비(鼻)모음** : 숨을 입과 코의 양쪽에서 내쉬면서 발음하는 모음이다.

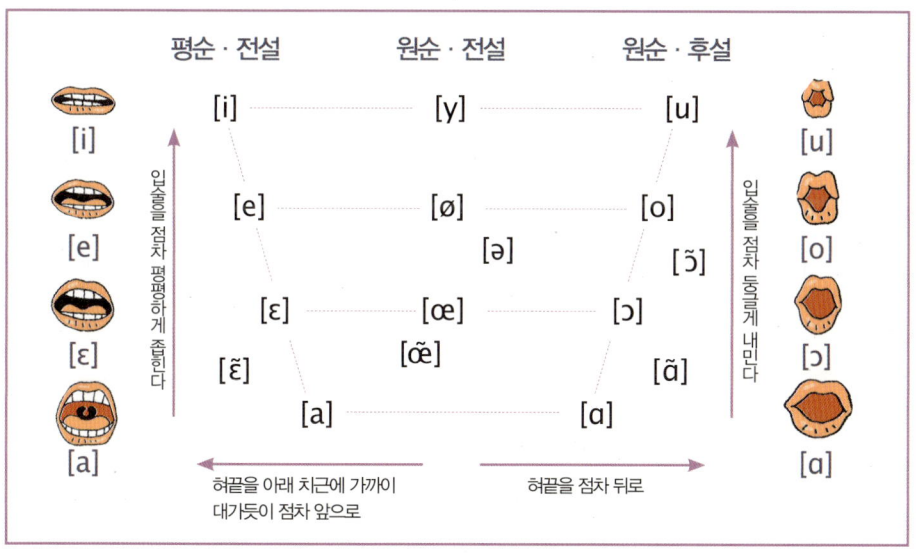

단모음자 발음법

 Track 02

a [a, ɑ]   o [o, ɔ]   i [i]

a sage [sa:ʒ] 현명한   page [pa:ʒ] 페이지
patte [pa:t] 짐승의 다리

o photo [fɔto] 사진   sortir [sɔrti:r] 나가다
rose [ro:z] 장미

i ami [ami] 친구   stylo [stilo] 만년필
pyjama [piʒama] 잠옷

발음연습

garage [gara:ʒ] 차고   ici [isi] 여기에
vie [vi] 인생   poli [pɔli] 공손한
miracle [mira:kl] 기적   poste [pɔst] 우체국

발음설명

① **a**자는 〈에이〉나 〈애〉로 발음되지 않으면 항상 〈아〉이다.
② **o**자는 〈오우〉가 아니고 항상 〈오〉 또는 〈오-〉이다.
③ **i**자는 〈아이〉가 아니고 항상 날카로운 〈이〉, 〈이-〉이다.

 Track 03

u [y]   e [ə]

u tu [ty] 너는   pur [py:r] 순수한
culture [kylty:r] 문화, 경작

e regarder [rəgarde] 보다   petit [pəti] 작은
ceci [səsi] 이것

8

발음연습

juste [ʒyst] 정당한 **demi** [dəmi] 절반
secret [səkrɛ] 비밀 **plus** [ply] 더
mur [myːr] 벽 **regret** [rəgrɛ] 유감

발음설명

① **u**자는 항상 날카로운 〈위〉발음이다. 프랑스어만의 특이한 음으로서 입모양은 〈우〉의 상태에서 짧게 끊어 〈이〉발음을 낸다. 단, 입술모양은 변해서는 안 된다.

② 프랑스어의 음절은 자음자와 모음자의 순서로 묶여지는 것이 원칙이다. 따라서 **promenade** (산책)는 **pro-me-na-de** [prɔ-mə-na-d]로 된다.

③ 어미의 음절에서 마지막 자음자는 보통 발음하지 않는다.
regret [rə-grɛ], **secret** [sə-krɛ]

 Track 04

e [e]   e [ɛ]

e **arriver** [arive] 도착하다 **possessif** [pɔsesif] 소유의
   effort [efɔːr] 노력 **passer** [pɑse] 지나가다

e **cruel** [kryɛl] 잔인한 **mer** [mɛːr] 바다
   bref [brɛf] 간결한 **objet** [obʒɛ] 사물

발음연습

lettre [lɛtr] 편지 **effet** [efɛ] 효과
terrasse [tɛras] 테라스 **ferme** [fɛrm] 농장
esprit [espri] 정신 **fer** [fɛːr] 철

발음설명

① **e**자는 뒤의 자음자와 연결될 때 〈에〉로 발음된다. [e] (약간 날카로운 '에')와 [ɛ] (입을 벌린 보통의 '애')가 있다. [e]는 **ez, ed, er, ier**의 어미에서 발음되고, 그 밖의 경우는 보통 [ɛ]이다.

② 단, **effet, effort** 등의 어두의 **e**자는 [e]이고, **et** (그리고)도 예외적으로 [e]로 발음된다.

 Track 05

	é [e]　　è ê [ɛ]

e　　**général** [ʒeneral] 일반적인　　**été** [ete] 여름
　　　　écouter [ekute] 듣다　　　　　**égal** [egal] 동등한

e　　**étagère** [etaʒɛːr] 선반　　**scène** [sɛn] 장면
　　　　succès [syksɛ] 성공　　　　**mètre** [mɛtr] 미터
　　　　fenêtre [fənɛtr] 창문　　　**forêt** [fɔrɛ] 숲
　　　　fête [fɛt] 축일

발음연습

blé [ble] 밀　　　　　　**bébé** [bebe] 아기
thé [te] 차　　　　　　**modèle** [mɔdɛl] 표본
père [pɛːr] 아버지　　　**tête** [tɛt] 머리

발음설명

악쌍(Accent) - 위와 같이 프랑스어에서는 발음을 보조하기 위해 여러 가지 기호를 붙인다. 이것을〈악쌍〉이라고 하며, 다음과 같이 세 가지가 있다. 붙이는 글자도 다음과 같이 한정되어 있다.

[´] accent aigu é
[`] accent grave è à ù
[^] accent circonflexe ê â î ô û

위의 général도 악쌍이 없다면 〈general 쥬느랄〉이라고 읽게 되는데, **e**자 이외의 **a, o, u**의 악쌍은 발음에 영향은 없으며, 같은 철자의 뜻을 구별할 뿐이다.

예
a [a] 가지다   **à** [a] ~에게
ou [u] 또는   **où** [u] 어디에
mur [my:r] 벽   **mûr** [my:r] 익은

단, [^]는 음이 약간 길어지는 것이 보통이다. 이것은 대부분 뒤의 철자인 **s**를 빼버린데서 생긴 것 같다. 영어에서는 **s**가 남아있다.

예
forest ➡ forêt 숲   **paste ➡ pâte** 밀가루 반죽
hospital ➡ hôpital 병원

그러므로 악쌍은 영어의 악센트와는 다르다.

복합모음자 발음법

ai [ɛ]   ei [ɛ]   au, eau [o, ɔ]

laine [lɛn] 양모
aide [ɛd] 도움
neige [nɛ:ʒ] 눈
Seine [sɛn] 세느강
eau [o] 물
cause [kɔ:z] 원인

mai [mɛ] 5월
aile [ɛl] 날개
peine [pɛn] 고통
beige [bɛ:ʒ] 베이지색
beauté [bote] 아름다움
autre [o:tr] 다른

발음설명

① 이처럼 두 개 이상의 모음이 조합하여 하나의 모음을 나타내는 경우가 있다. 이 같은 조합은 항상 1개의 발음을 만들고 다른 식으로 발음되지 않는다. 즉, **ai**는 항상 〈에〉이며, 다르게 발음되지 않는다. [예외: aï, ail]

② **ai, ei**의 [ɛ]는 〈에이〉가 아니다. 길어져도 〈에ㅡ〉이다. **au**와 **eau**도 마찬가지로 〈오〉이며, 〈오우〉가 아니다. **ai**에는 aî의 형태도 있다. 발음은 똑같이 〈에〉이다.

예 **chaîne** [ʃɛ:n] 쇠사슬   **naître** [nɛtr] 태어나다

ou [u]   eu, œu [ø, œ]   oi [wa]

joue [ʒu] 뺨
doute [dut] 의심
aveugle [avœgl] 장님
bonheur [bɔnœ:r] 행복
nœud [nø] 매듭
heureux [œrø] 행복한
toi [twa] 너
poire [pwa:r] 배

route [rut] 도로
épouser [epuze] 결혼하다
heure [œ:r] 시간
beurre [bœ:r] 버터
bleu [blø] 파란
sœur [sœ:r] 여동생
soir [swa:r] 저녁
poisson [pwasɔ̃] 생선

> 발음설명

① **ou** [u]는 입술을 오므린 채 내밀면서 날카롭게 발음한다.
② [ø]는 [o]의 혀 위치에서 [e]발음을 한다. [œ]보다 입을 더 오므린다.
③ [œ]는 더 둥글게 입을 벌려 [ɔ]의 입모양으로 [ɛ]라고 발음한다.

비모음 발음법

an, am, en, em [ã]　　**on, om** [ɔ̃]　　**un, um** [œ̃]

blanc [blã] 흰　　　　　　**dans** [dã] ~안에
dent [dã] 이　　　　　　　**temps** [tã] 시간
penser [pãse] 생각하다　　**souvent** [suvã] 자주
onze [ɔ̃:z] 11　　　　　　 **pont** [pɔ̃] 다리
complet [kɔ̃plɛ] 완전한　　**nombre** [nɔ̃br] 수
lundi [lœ̃di] 월요일　　　　**parfum** [parfœ̃] 향수
chacun [ʃakœ̃] 각자　　　　**humble** [œ̃:bl] 겸손한

> 발음설명

① 프랑스어의 비모음은 독특한 음으로 목젖을 아래로 내리고 모음을 코로 낸다. 숨이 입과 코로 동시에 빠져 나온다. 절대로 [n]의 음이 나와서는 안된다.
② [ã]발음은 〈엉〉에 가까운 〈앙〉으로 발음한다.
③ [œ̃] 발음은 〈앙〉에 가까운 〈앵〉으로 발음한다.

in im ain aim yn ym ein [ɛ̃]   oin [wɛ̃]

vin [vɛ̃] 포도주
certain [sɛrtɛ̃] 확실한
syndicat [sɛ̃dika] 조합
ceinture [sɛ̃ty:r] 벨트

timbre [tɛ̃:br] 우표
faim [fɛ̃] 배고픔
symbole [sɛ̃bɔl] 상징
point [pwɛ̃] 점

발음설명

① 이와 같이 ɑ̃, ɔ̃, ɛ̃, œ̃은 모두 비모음 발음으로 비강 발음이 나오므로 다른 모음만큼 상호간의 정확한 구별은 뚜렷하지 못하다.

② 발음 법칙의 예외 :

immobile [imɔbil] 움직이지 않는
examen [ɛgzamɛ̃] 시험   **ennemi** [ɛnmi] 적

반모음 발음법

i + 모음자 [j]   u + 모음자 [ɥ]   ou + 모음자 [w]

hier [jɛ:r] 어제
ciel [sjɛl] 하늘
nuage [nɥa:ʒ] 구름
suer [sɥe] 땀을 흘리다
oui [wi] 예
jouer [ʒwe] 놀다

bien [bjɛ̃] 잘
chien [ʃjɛ̃] 개
pluie [plɥi] 비
nuit [nɥi] 밤
tatouage [tatwa:ʒ] 문신
douane [dwan] 세관

> 📘 **발음설명**

① 2중 모음 철자는 **oi** 외에 이처럼 **i, u, ou**가 뒤의 모음자와 결합하여 **i-a, i-o, u-a, u-i, ou-i** 등의 형태가 있다. 이때 자연스럽게 두 음이 동화되면서 앞의 모음이 먼저 발음되고 그 여운이 뒤의 모음에 남아서 '이아'가 '이야', '이오'가 '이요'로 앞의 모음자가 반모음으로 발음된다.

② 프랑스어의 2중 모음은 제1모음이 자음화해서 제2의 긴 모음 요소로 남을 뿐 「둘 다 본래의 음」을 가지는 것이 특징이며, 영어처럼 제2모음이 애매한 소리가 되든가 없어지는 일은 없다.

예) **station** [stasjɔ̃] 정류장, 역　**spécial** [spesjal] 특별한
　　diamant [djamɑ̃] 다이아몬드
　　poursuivre [pursɥi:vr] 뒤쫓다

y자의 발음법

ey (ei+i) [εj]　oy (oi+i) [waj]　uy (ui+i) [ɥij]

asseyez-vous [asεjevu] 앉으세요
voyage [vwaja:ʒ] 여행　　**royal** [rwajal] 왕의
essuyer [esɥije] 닦다　　**tuyau** [tɥijo] 파이프
crayon [krεjɔ̃] 연필　　**balayer** [balεje] 쓸다

> 📘 **발음설명**

① 모음 사이에 있지 않은 **y**는 [i]발음이며, 어두에서는 [j]로 된다.
② 모음 사이에 있는 **y**는 **i**가 두 개인 것으로 생각해서 발음한다.

l자를 [j]로 발음하는 경우

ail(l) [aːj]　　**eil(l)** [ɛːj]　　**euil(l), œil(l)** [œːj]
ouil(l) [uːj]　　**ill** [iːj, il]　　**cf:il** [il, i]

détail [detaːj] 상세　　sommeil [sɔmɛj] 잠
travailler [travaje] 일하다　　feuille [fœːj] 잎
œil [œːj] 눈　　bouteille [butɛj] 병
briller [brije] 빛나다　　famille [famiːj] 가족
단, ville [vil] 도시　　mille [mil] 천
⟨cf⟩ péril [peril] 위험　　outil [uti] 도구

자음자 발음법 (주의해야 할 모음자와의 발음) Track 13

c	··· **a, o, u** 앞에서는 [k] ➡ ca, co, cu
	··· **e** (é, è, ê)와 i(y) 앞에서는 [s] ➡ ce, ci
ç [s]	··· **a, o, u** 앞에서 ➡ ça, ço, çu
g	··· **a, o, u** 앞에서는 [g] ➡ ga, go, gu
	··· **e** (é, è, ê)와 i(y) 앞에서는 [ʒ] ➡ ge, gi
ge [ʒ]	··· **a, o, u** 앞에서 ➡ gea, geo, geu
gu [g]	··· **e**와 **i** 앞에서 ➡ gue, gui

académie [akademi] 협회, 학교

corps [kɔːr] 육체

cela [səla] 저것

leçon [ləsɔ̃] 과

façade [fasad] 정면

gomme [gɔm] 지우개

genou [ʒənu] 무릎

longueur [lɔ̃gœːr] 길이

guide [gid] 안내(인)

vague [vag] 파도

langue [lɑ̃ːg] 혀, 언어

calcul [kalkyl] 계산

ça [sa] 저것

reçu [rəsy] 영수증

garçon [garsɔ̃] 소년

aigu [ɛgy] 날카로운

gilet [ʒilɛ] 조끼

largeur [larʒœːr] 폭

gueule [gœl] 입(짐승의)

bague [bag] 반지

발음설명

① **a, o, u** 앞에서는 **c**와 **g**는 각각 [k]와 [g]로 발음된다. 그러나 [s]와 [ʒ]로 읽게 하기 위해서 **c**에는 [̧], (cédille 쎄디으)를 붙이고, **g**에는 **e**를 삽입한다. 하지만 이 **e**는 그 자체로는 발음되지 않는다.

② **e**와 **i** 앞에 **g**자는 [ʒ]음을 [g]로 읽게 하기 위해 **u**를 삽입한다. 하지만 그 **u**도 발음하면 안 된다.

주의해야 할 자음자 발음

 Track 14

qu [k]   ti [ti] [si]   x [s] [z] [ks] [gz]

quoi [kwa] 무엇
question [kɛstjɔ̃] 질문
tigre [tigr] 호랑이
partiel [parsjɛl] 부분적인
démocratie [demɔkrasi] 민주주의
soixante [swasɑ̃:t] 60
sixième [sizjɛm] 6번째의
excepté [ɛksɛpte] ~을 제외하고

qui [ki] 누구
quatre [katr] 4
partie [parti] 부분
action [aksjɔ̃] 행동
autocratie [ɔtɔkrasi] 독재주의
dix [dis] 10
taxe [taks] 세금
exercice [ɛgzɛrsis] 연습

복자음자 발음법

 Track 15

**ch [ʃ]   gn [ɲ]   ph [f]   sc [s] -e, i, y 앞에서
[sk] -a, o, u 앞에서**

chat [ʃa] 고양이
chocolat [ʃɔkɔla] 초콜릿
cognac [kɔɲak] 꼬냑
ignorant [iɲɔrɑ̃] 무지한
philosophe [filɔzɔf] 철학자
nymphe [nɛ̃f] 요정
scène [sɛn] 장면
scolaire [skɔlɛ:r] 학교의

marchand [marʃɑ̃] 상인
chez [ʃe] ~집에
enseigner [ɑ̃sɛɲe] 가르치다
agneau [aɲo] 양고기
phrase [fra:z] 문장
phare [fa:r] 등대
science [sjɑ̃:s] 과학
sculpture [skylty:r] 조각

종합발음연습

☐ **honnêteté** [ɔnɛtte] 정직	☐ **berger** [bɛrʒe] 목동
☐ **tranquille** [trɑ̃kil] 조용한	☐ **taille** [ta:j] 신장
☐ **outil** [uti] 연장	☐ **lieu** [ljø] 장소
☐ **mignon** [miɲɔ̃] 귀여운	☐ **vigne** [viɲ] 포도밭
☐ **brume** [brym] 안개	☐ **meuble** [mœbl] 가구
☐ **juillet** [ʒɥijɛ] 7월	☐ **geler** [ʒəle] 얼다
☐ **fourchette** [furʃɛt] 포오크	☐ **chemin** [ʃəmɛ̃] 길
☐ **chic** [ʃik] 멋진	☐ **roseau** [rozo] 갈대
☐ **treize** [trɛ:z] 13	☐ **paix** [pɛ] 평화
☐ **ambitieux** [ɑ̃bisjø] 야심적인	☐ **revue** [rəvy] 잡지
☐ **surveiller** [syrveje] 감독하다	☐ **coiffeur** [kwafœ:r] 이발사
☐ **doigt** [dwa] 손가락	☐ **poing** [pwɛ̃] 주먹
☐ **chagrin** [ʃagrɛ̃] 슬픔	☐ **échec** [eʃɛk] 실패
☐ **fréquent** [frekɑ̃] 빈번한	☐ **excuser** [ɛkskyze] 용서하다
☐ **odeur** [ɔdœ:r] 냄새	☐ **moitié** [mwatje] 절반
☐ **descendre** [desɑ̃:dr] 내려가다	☐ **peinture** [pɛ̃ty:r] 그림
☐ **sérieusement** [sɛrjøzmɑ̃] 열심히	☐ **plusieurs** [plyzjœ:r] 몇몇의
☐ **aujourd'hui** [oʒurdɥi] 오늘	☐ **patient** [pasjɑ̃] 참을성 있는
☐ **quelquefois** [kɛlkəfwa] 가끔	☐ **maintenant** [mɛ̃tnɑ̃] 지금
☐ **sucreries** [sykrəri] 사탕과자	☐ **lumière** [lymjɛ:r] 빛

Leçon 01
un livre, le ciel, du lait

Track 17

un livre 책		**le livre**
une fleur 꽃		**la fleur**
des livres 책들		**les livres**
des fleurs 꽃들		**les fleurs**
du lait 우유		
de la bière 맥주		
des fruits 과일들		

□ **livre** m.책 □ **fleur** f.꽃 □ **lait** m.우유 □ **bière** f.맥주 □ **fruits** m.pl.과일들 □ **table** f.탁자 □ **fille** f.여자아이 □ **ami** m.친구 (남자) □ **homme** m.남자 □ **cours** m.수업 □ **choix** m.선택 □ **nez** m.코 □ **cheval** m.말 □ **journal** m.신문 □ **gâteau** m.과자, 케이크 □ **chapeau** m.모자 □ **oiseau** m.새 □ **musée** m.박물관, 미술관 □ **tour** f.탑 □ **rue** f.길, 거리 □ **école** f.학교 □ **café** m.커피;커피숍, 카페 □ **patience** f.인내심 □ **ambition** f.야망 □ **argent** m.돈

1 부정관사 (article indéfini)

셀 수 있는 명사, 불특정 명사 앞에 쓰이는 관사로서, 영어의 a/an 에 해당하며, 프랑스어에서 관사는 명사의 성과 수에 따라 다음과 같이 변화한다.

남성 단수	un	un livre
여성 단수	une	une table
남성/여성 복수	des	des livres des tables

명사의 복수형은 일반적으로 단수형에 -s를 붙여주면 된다.

    un livre – des livres
    une fille – des filles

모음 또는 무음 h로 시작하는 명사는 연음(liaison)에 주의한다.

    un ami [ɔnami]   un homme [ɔnɔm]
    des amis [dezami]   des hommes [dezɔm]

⟨-s⟩, ⟨-x⟩, ⟨-z⟩ 로 끝나는 단수 명사는 복수형도 변함이 없다.

    un cours – des cours
    un choix – des choix
    un nez – des nez

⟨-al⟩ 로 끝나는 단수 명사의 복수형은 ⟨-aux⟩ 이다.

    un cheval – des chevaux
    un journal – des journaux

⟨-eau⟩ 로 끝나는 단수 명사의 복수형은 –s 대신 –x

    un gâteau – des gâteaux
    un chapeau – des chapeaux
    un oiseau – des oiseaux

2 정관사 (article défini)

특정명사 또는 총칭적 의미로 쓰이는 명사 앞에 쓰는 관사로서, 영어의 the에 해당하며, 부정관사와 마찬가지로 명사의 성과 수에 따라 다음과 같이 변화한다.

남성 단수	le (l')	le livre
여성 단수	la (l')	la table
남성/여성 복수	les	les livres les tables

un musée – le musée d'Orsay
une tour – la tour Eiffel
des rues – les rues de Paris

△ 그러나 모음이나 무음h로 시작하는 명사앞에서 정관사 le, la는 l'로 축약(élision)이 된다.
le arbre (x) ➡ l'arbre (o)
la école (x) ➡ l'école (o)

모음 또는 무음 h로 시작하는 명사는 연음(liaison)에 주의한다.
les amies [lezami]   les hommes [lezɔm]

3 부분관사 (article partitif)

물질명사나 추상명사와 같이 셀 수 없는 명사, 부분을 나타내는 명사 앞에 사용한다.

남성 단수	du (de l')	du café
여성 단수	de la (de l')	de la patience
남성/여성 복수	des	des fruits

△ 모음으로 시작되는 명사 앞에서 du, de la 는 de l' 형태로 축약이 된다.
du argent (x) ➡ de l'argent (o)
de la ambition (x) ➡ de l'ambition (o)

GRAMMAIRE

 Track 18

4 명사의 남성과 여성 (Masculin et Féminin des noms)

프랑스어에서 모든 명사에는 남성과 여성의 구별이 있다. 그 중 생물인 경우 자연성에 따라 남성은 남성 명사, 여성은 여성 명사가 되지만, 무생물인 경우에는 관습적으로 정해져 있어서 그 성을 따로 암기해야 한다. 하지만 명사의 어미에 따라 남성과 여성이 정해져 있는 경우도 있으니 외워두면 유용할 것이다.

Masculin (남성)

- **-ment :** un appartement, un gouvernement
- **-phone :** un téléphone, un interphone
- **-eau :** un chapeau, un bureau, un oiseau
- **-teur :** un ordinateur, un aspirateur
- **-isme :** le réalisme, le romantisme

Féminin (여성)

- **-tion/-sion :** une solution, une télévision, une profession
- **-té :** la liberté, la société, la sécurité
- **-ure :** une voiture, la culture, la littérature
- **-ette :** une serviette, une allumette, une assiette
- **-ance/-ence :** la chance, la tendance, la conférence, la violence
- **-tude :** l'étude, la certitude, la solitude

□ **appartement** m.아파트 □ **gouvernement** m.정부 □ **téléphone** m.전화 □ **interphone** m.인터폰 □ **bureau** m.책상, 사무실 □ **ordinateur** m.컴퓨터 □ **aspirateur** m.진공청소기 □ **réalisme** m.현실주의 □ **romantisme** m.낭만주의 □ **solution** f.해결(책) □ **télévision** f.텔레비전 □ **profession** f.직업 □ **liberté** f.자유 □ **société** f.사회 □ **sécurité** f.안전 □ **voiture** f.자동차 □ **culture** f.문화,경작 □ **littérature** f.문학 □ **serviette** f.수건,서류가방 □ **allumette** f.성냥 □ **assiette** f.접시 □ **chance** f.운,행운 □ **tendance** f.경향 □ **conférence** f.회의,강연 □ **violence** f.폭력 □ **étude** f.공부,학습 □ **certitude** f.확신 □ **solitude** f.고독

EXERCICES

1 다음 명사의 성과 수에 주의해서 부정관사 un, une, des 와 함께 빈칸을 채우세요.

1) _____ maison (f.) 2) _____ hôtel (m.) 3) _____ lit (m.)

4) _____ voiture (f.) 5) _____ garçon (m.) 6) _____ vêtements (m.)

7) _____ réfrigérateur (m.) 8) _____ téléphone (m.)

9) _____ télévision (f.) 10) _____ médicaments (m.)

11) _____ ordinateur (m.) 12) _____ gâteaux (m.) 13) _____ baguette (f.)

2 다음 명사의 성과 수에 주의해서 정관사 le, la, l', les 와 함께 빈칸을 채우세요.

1) _____ cahier (m.) 2) _____ Pont-Neuf (m.) 3) _____ églises (f.)

4) _____ porte (f.) 5) _____ jardin du Luxembourg (m.) 6) _____ adresse (f.)

7) _____ valises (f.) 8) _____ enfant (m.) 9) _____ histoire (f.)

10) _____ radio (f.) 11) _____ bateaux mouches (m.)

3 다음 명사의 성과 수에 주의해서 부분관사 du, de la, de l', des 와 함께 빈칸을 채우세요.

1) _____ thé (m.) 2) _____ bière (f.) 3) _____ vin (m.)

4) _____ fromage (m.) 5) _____ huile (f.) 6) _____ courage (m.)

7) _____ confiture (f.) 8) _____ légumes (m.) 9) _____ pâtes (f.)

10) _____ pain (m.) 11) _____ soleil (m.) 12) _____ ambition (f.)

4 다음 단수 명사를 복수형으로 만드세요.

1) un garçon ➡ _____ 6) une femme ➡ _____

2) un enfant ➡ _____ 7) une voix ➡ _____

3) une voiture ➡ _____ 8) un oiseau ➡ _____

4) un fauteuil ➡ _____ 9) un pays ➡ _____

5) un cahier ➡ _____ 10) un cheval ➡ _____

Voca

□ **maison** f.집, 주택   □ **hôtel** m.호텔   □ **lit** m.침대   □ **garçon** m.남자아이   □ **vêtements** m.pl.옷, 의류   □ **réfrigérateur** m.냉장고
□ **médicament** m.약   □ **ordinateur** m.컴퓨터   □ **baguette** f.바게뜨   □ **cahier** m.공책   □ **église** f.교회   □ **porte** f.문   □ **adresse** f.주소
□ **valise** f.(여행용)가방   □ **enfant** m.아이   □ **histoire** f.역사, 이야기   □ **radio** f.라디오   □ **thé** m.차   □ **vin** m.와인   □ **fromage** m.치즈
□ **huile** f.기름   □ **courage** m.용기   □ **confiture** f.잼   □ **légume** m.야채, 채소   □ **pâtes** f.pl.면류, 파스타   □ **pain** m.빵   □ **soleil** m.태양
□ **fauteuil** m.(등받이와 팔걸이가 있는)안락의자   □ **femme** f.여자   □ **voix** f.목소리   □ **pays** m.나라, 국가   □ **cheval** m.말

Leçon 02 Je suis coréen.

Dialogue

1 A : Bonjour, vous êtes français ?
B : Oui, je suis français. Et vous, vous êtes française ?
A : Non, je ne suis pas française. Je suis belge.

2 A : Luc et moi, nous sommes italiens.
B : Moi aussi je suis italienne.

3 A : Est-ce que Victor est étudiant ?
B : Non, il n'est pas étudiant. Il est professeur d'anglais.
A : Est-ce qu'il est gentil ?
B : Oui, il est gentil.

4 A : Sont-elles japonaises ?
B : Non, elles ne sont pas japonaises. Elles sont chinoises. Elles sont secrétaires et elles sont très jolies.

□ **français(e)** 프랑스인 □ **belge** 벨기에인 □ **italien(ne)** 이탈리아인 □ **étudiant(e)** 학생 □ **avocat(e)** 변호사
□ **coiffeur/coiffeuse** 미용사 □ **acteur/actrice** 배우 □ **anglais(e)** 영국인 □ **professeur** 선생님 □ **très** 매우
□ **gentil(le)** 친절한, 착한 □ **coréen(ne)** 한국인 □ **japonais(e)** 일본인 □ **danseur/danseuse** 무용가
□ **joli(e)** 예쁜 □ **fatigué(e)** 피곤한

1. A : 안녕하세요, 프랑스인이세요?
   B : 네, 저는 프랑스인입니다. 당신은요, 당신도 프랑스 분이세요?
   A : 아니요, 저는 프랑스인이 아닙니다. 저는 벨기에인입니다.

2. A : 뤽과 나, 우리는 이탈리아인이야.
   B : 나도 역시 이탈리아인이야.

3. A : 빅토르는 학생이니?
   B : 아니, 그는 학생이 아니야. 그는 영어 선생님이야.
   A : 그는 친절하니?
   B : 응, 그는 친절해.

4. A : 그녀들은 일본인입니까?
   B : 아니오, 그녀들은 일본인이 아닙니다. 그녀들은 중국인입니다.
   그녀들은 비서이고, 그녀들은 매우 예쁩니다.

# RAMMAIRE

1 주어 인칭 대명사

주어의 인칭 변화와 함께 동사의 변화형태를 알아보자. 주어 인칭 대명사는 인칭과 수에 의해 다음 8개로 구별된다.

	단 수		복 수	
1인칭	Je (J')	나는	Nous	우리는
2인칭	Tu Vous	너는 당신은	Vous	당신들은, 너희들은
3인칭	Il Elle	그는 그녀는	Ils Elles	그들은 그녀들은

△ 2인칭 단수에서 tu는 가족이나 친구와 같이 친한 사이에서 사용된다.

△ 불어에는 사물에도 남성명사와 여성명사가 있기 때문에 3인칭 il, elle, ils, elles은 사람 이외의 사물을 받아서 '그것은, 그것들은'의 뜻으로도 쓰인다.

le sac (그 가방) → **il** (그것)
la voiture (그 자동차) → **elle** (그것)

2 être 의 현재형

영어의 be 동사에 해당하는 대표적인 불규칙 동사 être의 변화를 살펴보자.

être (~이다, ~에 있다)			
je	suis	nous	sommes
tu	es	vous	êtes
il elle	est	ils elles	sont

3 être + 국적, 신분/직업 명사

Je suis coréen. (o)   저는 한국인입니다.   **Je suis un coréen. (x)**
Elle est étudiante. (o)   그녀는 학생입니다.   **Elle est une étudiante. (x)**

△ être 동사 뒤에 오는 국적이나 신분, 직업을 나타내는 명사가 올 경우에는 그 명사 앞에 관사를 붙이지 않으며, 다음과 같이 주어에 맞게 성과 수에 일치시켜야 한다.

Je suis coréen.	Je suis coréenne.
Tu es coréen.	Tu es coréenne.
Il est coréen.	Elle est coréenne.
Nous sommes coréens.	Nous sommes coréennes.
Vous êtes coréen.	Vous êtes coréenne.
Vous êtes coréens.	Vous êtes coréennes.
Ils sont coréens.	Elles sont coréennes.

◉ Track 21

국가형용사(남성)	(여성)	국가명사
coréen	coréenne	la Corée 한국
chinois	chinoise	la Chine 중국
thaïlandais	thaïlandaise	la Thaïlande 태국
français	française	la France 프랑스
espagnol	espagnole	l'Espagne 스페인
allemand	allemande	l'Allemagne 독일
anglais	anglaise	l'Angleterre 영국
italien	italienne	l'Italie 이탈리아
grec	grecque	la Grèce 그리스

GRAMMAIRE

belge	belge	la Belgique 벨기에
autrichien	autrichienne	l'Autriche 오스트리아
suisse	suisse	la Suisse 스위스
suédois	suédoise	la Suède 스웨덴
russe	russe	la Russie 러시아
polonais	polonaise	la Pologne 폴란드
norvégien	norvégienne	la Norvège 노르웨이
finlandais	finlandaise	la Finlande 핀란드
indien	indienne	l'Inde 인도
iranien	iranienne	l'Iran 이란
japonais	japonaise	le Japon 일본
vietnamien	vietnamienne	le Vietnam 베트남
canadien	canadienne	le Canada 캐나다
marocain	marocaine	le Maroc 모로코
portugais	portugaise	le Portugal 포르투갈
mexicain	mexicaine	le Mexique 멕시코
brésilien	brésilienne	le Brésil 브라질
hollandais	hollandaise	les Pays-Bas 네덜란드
philippin	philippine	les Philippines 필리핀
américain	américaine	les États-Unis 미국

4 의문문

1) 주어가 인칭대명사일 경우

   ① **Vous êtes coréen ?** (당신은 한국인입니까?)
   ② **Est-ce que vous êtes coréen ?**
   ③ **Êtes-vous coréen ?**

이와 같이 의문문을 만드는 방식은 세 가지가 있다. 첫 번째는 평서문의 끝의 억양을 올려 발음하는 경우, 두 번째는 문장 앞에 est-ce que를 붙이는 형태, 마지막으로 동사와 주어의 어순을 도치시켜 만드는 형식이 그것이다. 첫 번째와 두 번째가 일상 회화에서 많이 쓰이는 형태이다.

△ est-ce que를 붙여 만드는 의문문에서 que 뒤에 모음 철자가 오면 축약(qu')이 이루어진다.
   Est-ce que il est coréen ? (x) Est-ce qu'il est coréen ? (o)

△ 도치 의문문에서는 반드시 주어와 동사 사이에 연결부호 (- trait d'union 이라 함)를 넣어야 한다. 이 때 모음으로 시작하는 3인칭 주어의 도치 의문문에서는 발음을 주의해야 한다.
   Est-il étudiant ?
   Sont-ils étudiants ?

2) 주어가 명사인 경우

   ① **Patrice est français ?**
   ② **Est-ce que Patrice est français ?**
   ③ **Patrice est-il français ?**
       Est-Patrice français ? (x)

△ 문두에 명사 주어를 놓고, 그것을 대명사로 받은 것을 동사 뒤에 다시 한 번 위치시켜 의문형을 만든다.

5 부정문 : ne 동사 pas

부정문은 동사 앞, 뒤에 ne ~ pas를 첨가하면 된다.

je ne suis pas	nous ne sommes pas
tu n'es pas	vous n'êtes pas
il n'est pas elle	ils ne sont pas elles

△ 모음으로 시작되는 단어 앞에서는 ne 가 n'로 축약이 된다.

Est-ce que vous êtes fatigué ? (피곤하세요?)
- Oui, je suis fatigué.
- Non, je ne suis pas fatigué.

Est-elle fatiguée ? (그녀는 피곤한가요?)
- Oui, elle est fatiguée.
- Non, elle n'est pas fatiguée.

6 부정 의문문

부정으로 질문하면 대답할 때에는 oui 대신 si를 사용한다.

Est-ce qu'il n'est pas français ? (저 남자 프랑스 사람 아니야?)
- Si, il est français. (아니, 프랑스 사람이야.)
- Non, il n'est pas français. (응, 프랑스 사람이 아니야.)

명사의 여성형 만들기

1) 신분/직업 명사

일반적으로 남성 단수 뒤에 –e를 붙이면 된다. 하지만 그 외에 남성형 어미의 형태에 따라 다음과 같이 달라지는 경우도 있다.

남성형	여성형	남성형	여성형	의미
-en	-enne	coréen musicien	coréenne musicienne	한국사람 음악가

-er	-ère	boulanger pâtissier	boulangère pâtissière	빵집 주인, 제빵사 제과사, 파티쉐
-eur	-euse	serveur chanteur	serveuse chanteuse	웨이터 가수
-teur	-trice	directeur acteur	directrice actrice	디렉터, (조직,업무의)장, 배우

△ 다음과 같은 직업 명사는 남성과 여성의 형태가 같다.

Il est professeur.　　Elle est professeur. (그는/그녀는 선생님입니다.)
　　　médecin.　　　　　　médecin. (그는/그녀는 의사입니다.)
　　　écrivain.　　　　　　écrivain. (그는/그녀는 작가입니다.)
　　　journaliste.　　　　　journaliste. (그는/그녀는 기자입니다.)

품질 형용사 Track 22

△ 주어가 복수일 때에는 형용사의 남성단수, 여성단수 형태에 –s를 붙이되, 단수형이 -s나 –x 로 끝나는 형용사는 명사의 규칙에서와 마찬가지로 단·복수 형태가 같다.

Il est gros. Ils sont gros.
Il est jaloux. Ils sont jaloux.

남성	여성	남성	여성
grand 큰	grande	petit 작은	petite
gros 뚱뚱한, 살찐	grosse	mince 날씬한	mince
maigre 마른, 야윈	maigre	joli 예쁜	jolie
beau 멋진, 아름다운	belle	moche 못생긴	moche
jeune 젊은	jeune	vieux 늙은	vieille
intelligent 똑똑한	intelligente	stupide, idiot 어리석은	stupide, idiote
sympathique 호감가는	sympathique	antipathique 비호감적인	antipathique

GRAMMAIRE

gentil 친절한,착한	**gentille**	**méchant** 심술궂은	**méchante**
généreux 관대한	**généreuse**	**sévère** 엄격한	**sévère**
amusant 재미있는	**amusante**	**ennuyeux** 지루한	**ennuyeuse**
actif 활기찬	**active**	**sportif** 운동을 좋아하는	**sportive**
jaloux 질투하는	**jalouse**	**curieux** 호기심많은	**curieuse**

형용사의 여성형 만들기

1) 일반적으로 남성형에 -e를 덧붙인다.
   grand → **grande** 큰 **petit** → **petite** 작은
2) -e로 끝난 형용사는 여성형도 동일하다.
   maigre → **maigre** 마른,야윈 **jeune** → **jeune** 젊은
3) -er로 끝난 형용사는 -ère로 바뀐다.
   premier → **première** 첫번째의 **cher** → **chère** 비싼
4) -en,-on,-el 로 끝난 형용사는 끝자음을 중복하고 -e를 덧붙인다.
   ancien → **ancienne** 오래된 **bon** → **bonne** 좋은, 맛있는
   exceptionnel → **exceptionnelle** 이례적인
5) -f로 끝난 형용사는 -ve로 바뀐다.
   actif → **active** 활기찬 **sportif** → **sportive** 운동을 좋아하는
6) -x로 끝난 형용사는 -se로 바뀐다.
   généreux → **généreuse** 관대한 **jaloux** → **jalouse** 질투하는

1 être 동사를 주어에 맞게 변화시키세요.

1) Je _____ coréenne.   2) Tu _____ belge.
3) Julien _____ gentil.   4) Sylvie _____ très jolie.
5) Nous _____ étudiantes.   6) Vous _____ journaliste.
7) Ils _____ mariés.   8) Les filles _____ curieuses.

2 주어와 다음의 직업명사를 여성형으로 바꾸세요.

1) Il est boulanger.   ➡ _____
2) Ils sont serveurs. ➡ _____
3) Il est chanteur.   ➡ _____
4) Il est professeur. ➡ _____
5) Ils sont acteurs.   ➡ _____

3 être 동사와 함께 빈칸을 채우세요.

1) Est-ce que vous _____ célibataire ? – Oui, je _____ célibataire.
2) Nous _____ fatiguées.
3) Est-ce que tu _____ chinoise ? – Non, je _____ chinoise.
4) Les enfants _____ mignons.
5) Est-ce qu'elle _____ russe ? – Non, elle _____ russe.

4 다음 우리말을 프랑스어로 바꾸세요.

1) Elle est _____ . (그녀는 키가 커.)
2) Il _____ . (그는 한국인이 아니야.)
3) Elles sont _____ . (그 여자들은 친절해요.)
4) Je _____ . (난 학생이 아니에요.)
5) Ils _____ . (그들은 잘생기지 않았어요.)

Voca

□ **marié(e)** 결혼한, 기혼의   □ **célibataire** 미혼의, 독신의   □ **mignon(ne)** 귀여운

Leçon 03
Vous regardez la télévision.

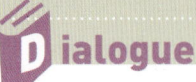ialogue

1 A : Elles regardent la télévision ?
   B : Oui, elles regardent la télévision.

2 A : Est-ce que tu écoutes la radio ?
   B : Non, je n'écoute pas la radio. J'écoute du jazz.

3 A : Est-ce que vous aimez le café ?
   B : Oui, j'aime bien le café.
   A : Est-ce qu'elle aime le sport ?
   B : Non, elle n'aime pas le sport. Mais elle adore le cinéma.

4 A : Vous habitez à Paris ?
   B : Oui, j'habite à Paris.
   A : Est-ce qu'ils habitent en Allemagne ?
   B : Non, ils n'habitent pas en Allemagne. Ils habitent au Portugal.

□ **regarder** 보다 □ **écouter** 듣다 □ **aimer** 좋아하다 □ **adorer** 매우 좋아하다 □ **habiter** 거주하다 □ **sport** m. 운동
□ **cinéma** m. 영화 □ **parler** 말하다 □ **téléphoner** 전화하다 □ **manger** 먹다 □ **commencer** 시작하다

1 A : 그녀들은 텔레비전을 보고 있니?
   B : 응, 그녀들은 텔레비전을 보고 있어.

2 A : 넌 라디오를 듣고 있니?
   B : 아니 난 라디오를 듣고 있지 않아. 난 재즈를 듣고 있어.

3 A : 당신은 커피를 좋아하세요?
   B : 네, 저는 커피를 좋아해요.
   A : 그녀는 운동을 좋아하나요?
   B : 아니요, 그녀는 운동을 좋아하지 않아요. 하지만 그녀는 영화를 매우 좋아해요.

4 A : 당신은 파리에 사세요?
   B : 네, 전 파리에 살아요.
   A : 그들은 독일에 살고 있나요?
   B : 아니요, 그들은 독일에 살고 있지 않아요. 그들은 포르투갈에 살고 있어요.

RAMMAIRE

1 1군 규칙 동사의 현재형 (les verbes du 1er groupe) Track 24

불어는 편의상 동사를 세 가지 그룹으로 나눈다. 동사를 '어간'과 '어미'로 나누었을 때, 주어의 인칭 변화와 함께 동사의 어미가 규칙 변화하는 1군, 2군 동사와 불규칙 변화하는 3군 동사가 있다. 그 중 어미가 –er로 끝나는 1군 규칙 동사인 parler의 변화형태를 알아보자.

parler (말하다)			
je	parle	nous	parlons
tu	parles	vous	parlez
il elle on	parle	ils elles	parlent

parler : Je parle français. (나는 불어를 말한다.)
regarder : Tu regardes la télévision. (너는 텔레비전을 보는구나.)
téléphoner : Il téléphone à Virginie. (그는 비르지니에게 전화한다.)
manger : Nous mangeons du gâteau. (우리는 케이크를 먹는다.)
commencer : Nous commençons le travail. (우리는 일을 시작한다.)
habiter : Vous habitez à Londres. (당신은 런던에 사는군요.)
aimer : Ils aiment le football. (그들은 축구를 좋아해.)

△ 1군 동사의 3인칭 복수형의 어미 –ent 는 [ə]로 발음된다는 것을 주의하자.

△ 1인칭 복수 nous 에서는 발음상의 이유로 -g뒤에는 반드시 –e를 첨가해야 하며, -c는 -ç로 변환한다.

△ 도시명 앞에는 전치사 à, 남성형 국가 앞에는 au, 여성형 국가나 모음으로 시작되는 국가 앞에는 en, 복수형 국가 앞에는 aux를 사용한다.
Elle habite à Milan. (그녀는 밀라노에 산다.)
Ils habitent au Japon. (그들은 일본에 산다.)
Vous habitez en France. (당신은 프랑스에 산다.)
Tu habites en Iran. (너는 이란에 산다.)
J'habite aux États-Unis. (나는 미국에 산다.)

△ je 뒤에 모음으로 시작되는 동사가 오면 j'로 축약이 이루어질 수 있으며, nous, vous, ils, elles 은 s가 연음이 된다.

Je aime Marie. (x)   **J'aime Marie. (o)** 나는 마리를 사랑해.

- 부정 대명사 on

부정 대명사 on은 일반적인 사람들을 대신할 수도 있으며, 회화체에서 nous 대신 흔히 사용되기도 한다. 그러나 항상 3인칭 단수 취급한다.

① 일반적인 사람을 대신하는 경우 = tout le monde

On parle allemand à Vienne. (비엔나에서는 독일어를 말한다.)

② 일상 회화체에서 사용되는 경우 = nous

On mange du gâteau. = Nous mangeons du gâteau. (우리는 케이크를 먹는다.)

1 다음 질문에 대답하세요.

1) Vous parlez français ? – Oui, _____

2) Est-ce qu'il aime la France ? – Oui, _____

3) Est-ce qu'elles regardent la télévision ? – Non, _____

4) Tu habites au Brésil ? – Non, _____

2 다음의 동사변화에 맞는 주어인칭대명사를 쓰세요.

ex) Je/Il/Elle parle français.

1) _____ restez à la maison ?

2) _____ téléphones à Romain ?

3) _____ arrivons tout de suite.

4) _____ chantent bien.

5) _____ travaillez demain ?

6) _____ goûte la tarte.

7) _____ pleurez ?

3 다음의 동사를 주어에 맞추어 변화시키세요.

1) étudier : J' _____ le français.

2) écouter : Vous _____ la radio ? – Oui, j' _____ la radio.

3) dîner : Ils _____ avec Tom ?

4) fumer : Nous _____.

5) déjeuner : Tu _____ avec nous aujourd'hui ?

6) apporter : Elles _____ le dessert.

7) donner : Il _____ de l'argent.

Voca

▫ **rester** ~에 있다, 머물다 ▫ **arriver** 도착하다 ▫ **chanter** 노래하다 ▫ **pleurer** 울다 ▫ **étudier** 공부하다 ▫ **dîner** 저녁 식사하다
▫ **fumer** 흡연하다 ▫ **déjeuner** 점심 식사하다 ▫ **apporter** 가져오다 ▫ **donner** 주다 ▫ **tout de suite** 즉시 ▫ **tarte** f.타르트, 파이
▫ **aujourd'hui** 오늘 ▫ **dessert** m.디저트

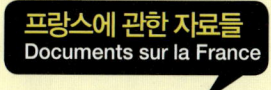
프랑스에 관한 자료들
Documents sur la France

인사salutation 및 기원souhait의 표현

프랑스의 인사말에는 bon(ne)이 들어가는 경우가 많습니다. 좋은, 즐거운, 행복한 하루 혹은 기간을 보내길 바라는 의미로 쓰입니다.

Bonjour! 안녕하세요! (오전부터 오후까지의 인사)

Bonsoir! 안녕하세요! (저녁인사)

Salut! 안녕! (아무때나 사용가능하나 친한 사이에서만 사용)

Enchanté(e) 만나서 반갑습니다 (처음 봤을 때 사용하는 말)

Au revoir! 안녕히 계세요! / 안녕히 가세요!

À tout à l'heure! 조금 이따 봐요! / 잠시 후에 봐요!

À demain! 내일 봐요!

À Samedi! 토요일에 봐요!

À la prochaine! 다음에 봐요!

À bientôt! (곧)또 봐요!

Ciao! (Tchao!) 안녕 (친한 사이에서 헤어질 때 인사말)

Bonne journée! 좋은 하루 되세요!

Bon après-midi! 좋은 오후 되세요!

Bonne soirée! 좋은 저녁 되세요!

Bonne nuit! 잘 자! / 안녕히 주무세요!

Bon week-end! 좋은 주말 보내세요!

Bon voyage! 즐거운 여행 되세요!

Bon courage! 힘내세요!

Bon appétit! 맛있게 드세요!

Bon anniversaire! 생일 축하해요!

Bonne chance! 행운을 빌어요!

Bonne année! 새해 복 많이 받으세요!

Bonnes vacances! 즐거운 방학(휴가) 보내세요!

Leçon 04
J'achète une jupe.

Dialogue

1 A : Elles achètent des manteaux ?
   B : Oui, elles achètent des manteaux noirs.

2 A : Vous préférez le thé ?
   B : Non, nous préférons le vin.

3 A : Est-ce que vous envoyez une lettre ?
   B : Oui, j'envoie une lettre à Sylvie.

4 A : Est-ce qu'il paye par carte ?
   B : Non, il paye en liquide.

5 A : J'appelle un médecin ?
   B : Oui, nous appelons Matthieu.

□ **acheter** 사다, 구매하다 □ **manteau** m. 외투 □ **noir** 검정색의 □ **préférer** 선호하다 **envoyer** 보내다, 부치다 □ **lettre** f. 편지 □ **payer** 지불하다 □ **carte** f. 카드 □ **liquide** m. 액체, 현금 □ **appeler** 부르다 □ **médecin** m. 의사

1   A : 그녀들은 코트를 사나요?
    B : 네, 그녀들은 검정색 코트들을 삽니다.

2   A : 너희들은 차를 더 좋아하니?
    B : 아니, 우리는 와인을 더 좋아해.

3   A : 편지를 보낼 건가요?
    B : 네, 전 씰비에게 편지를 보낼 겁니다.

4   A : 그는 카드로 계산하나요?
    B : 아니요, 그는 현금으로 계산합니다.

5   A : 내가 의사를 부를까?
    B : 응, 우리는 마띠외를 부를게

 RAMMAIRE

1 주의해야 할 1군 동사

acheter (사다, 구매하다)			
j'	ach**è**te	nous	achetons
tu	ach**è**tes	vous	achetez
il / elle	ach**è**te	ils / elles	ach**è**tent

이와 같이 변하는 동사에는 lever (일으키다), enlever (치우다, 제거하다), peser ((무게를) 달다), mener (데려가다) 등이 있다.

préférer (선호하다)			
je	préf**è**re	nous	préférons
tu	préf**è**res	vous	préférez
il / elle	préf**è**re	ils / elles	préf**è**rent

이와 같이 변하는 동사에는 espérer (바라다), compléter (완성하다), répéter (되풀이하다) 등이 있다.

envoyer (보내다, 부치다)			
j'	envo**i**e	nous	envoyons
tu	envo**i**es	vous	envoyez
il / elle	envo**i**e	ils / elles	envo**i**ent

이와 같이 변하는 동사에는 essuyer (닦다), nettoyer (청소하다) 등이 있다.

payer (지불하다)			
je	pa**i**e / pa**y**e	nous	payons
tu	pa**i**es / pa**y**es	vous	payez
il elle	pa**i**e / pa**y**e	ils elles	pa**i**ent / pa**y**ent

payer (지불하다), essayer (시도하다, 애쓰다) 등과 같이 –ayer 로 끝나는 동사는 je, tu, il, ils 에서 y을 i로 바꾸지 않아도 무방하다.

appeler (부르다)			
j'	appe**l**e	nous	appelons
tu	appe**l**es	vous	appelez
il elle	appe**l**e	ils elles	appe**l**ent

1 주어에 맞추어 동사를 변화시키세요.

1) manger : Vous _____ de la salade ?

   Je _____ du poisson.

2) voyager : Nous _____ en France.

   Elles _____ en train.

3) commencer : Nous _____ un débat.

   Le cours _____ .

4) acheter : Ils _____ les manteaux ?

   Vous _____ des chemises.

5) préférer : Vous _____ les glaces ?

   – Oui, je _____ les glaces.

6) envoyer : Tu _____ une lettre ?

   Nous _____ des fleurs.

7) essayer : J' _____ des chaussures de sport.

   Nous _____ des bottes.

2 다음 질문에 답하세요.

1) Vous achetez la robe ?

   Non, _____

2) Tu préfères la montagne ?

   Oui, _____

3) Vous payez en liquide ?

   Non, _____

4) Vous appelez la secrétaire ?

   Oui, _____

Voca

▫ **voyager** 여행하다 ▫ **débat** m. 토론 ▫ **chemise** f. 셔츠 ▫ **glace** f. 얼음, 아이스크림 ▫ **chaussures** f.pl. 신발
▫ **chaussures de sport** f.pl. 운동화 ▫ **bottes** f.pl. 부츠

프랑스에 관한 자료들
Documents sur la France

프랑스의 식문화

프랑스 음식문화는 세계적으로 인정받고 있으며 대부분의 사람들이 고급 음식이라 알고 있다. 화려함을 내세운 프랑스 요리는 중국 요리와 더불어 세계 2대 요리로 손꼽히며, 거위간 foie gras, 달팽이 escargot, 철갑상어알 caviar 등 세계에서 손꼽히는 유명 식재료들이 모두 프랑스에서 발달했을 정도로 프랑스는 고급요리의 최고봉이다. 프랑스는 기원전에 골이라 불리었고 이곳에 살던 민족을 골루아라고 하였다. 그러나 로마인이 이들을 지배하면서부터 로마 요리의 영향을 받은 것이 프랑스 요리의 출발점이 되었다.

프랑스인의 아침식사는 하루 세 끼 식사 중 가장 비중이 작다. 프랑스어로 petit déjeuner라고 하는데 점심보다 가볍고 적게 먹는다는 뜻이다. 버터나 잼을 바른 바게뜨 몇 조각이나 크로상(초승달 모양의 빵)에 커피와 우유를 넣어 만든 카페오레를 마시는 것이 전부다. 점심은 déjeuner라고 하는데, 보통 점심시간은 12시-2시로 점심은 카페에서 샌드위치나 샐러드, 혹은 스테이크 등으로 하며, 점심을 중요하게 여겨 오던 프랑스 사람들도 현대에는 많이 달라져 일반적으로 식비는 별로 지출하지 않고 시간도 그리 투자하지 않는 경향을 보인다. 저녁식사는 dîner라고 하며 프랑스인들에게 가장 중요한 식사이다. 보통 오후 8시부터 10시 사이에 하며 하루 중 가장 여유있는 식사라 할 수 있지만 전채요리 entrée, 주식 plat principal, 후식 dessert으로 간략화하는 경우가 많다.

지난 몇 십 년간 프랑스인들의 식사습관이 매우 많이 바뀌었는데, 냉동요리와 즉석 요리들이 등장하면서 신선한 요리가 줄어들게 되었고, 아프리카와 베트남 식당이 증가하였으며 중국 레스토랑이 시내 여기저기에 생겼다. 특히 햄버거류는 젊은이들에게 인기가 좋다.

Leçon

05 Je m'appelle Bernard. Et vous, vous vous appelez comment ?

Dialogue

 Track 27

1. A : Bonjour, je m'appelle Bernard. Et vous, vous vous appelez comment ?
   B : Je m'appelle Sylvie. Enchantée.

2. A : Tiens, il est beau. Est-ce qu'il est français ? Il s'appelle comment ?
   B : Oui, il est français. Il s'appelle Hugo. Il est sympa.

3. A : Le lundi, vous vous levez tôt ?
   B : Oui, je me lève tôt le lundi. Et je me couche tard.

▫ **enchanté(e)** 반가운, 반가워요(첫만남에서 하는 인사) ▫ **tôt** 일찍 ▫ **tard** 늦게 ▫ **se lever** 일어나다 ▫ **se coucher** 자다, 눕다

1. A : 안녕하세요, 제 이름은 베르나르입니다. 당신은요, 성함이 어떻게 되세요?
   B : 제 이름은 씰비입니다. 반갑습니다.

2. A : 아, 저 남자 멋지다. 프랑스 사람이니? 이름이 뭐야?
   B : 응, 그는 프랑스 사람이야. 그의 이름은 위고야. 괜찮은 사람이야.

3. A : 월요일마다 당신은 일찍 일어나시나요?
   B : 네, 저는 월요일마다 일찍 일어납니다. 그리고 늦게 잡니다.

1 대명동사 (les verbes pronominaux)

1. 대명동사란 주어와 같은 사람 또는 사물을 나타내는 보어대명사 se를 동반하는 동사를 말한다. 주요 용법으로는 재귀적 용법이 있는데, 이는 자기 자신(주어의 재귀형)을 목적어로 갖는 동사로서 동사의 동작이 주어 자신에게 되돌려지는 경우이다.

재귀형 se 는 주어의 인칭과 수에 따라 다음과 같이 형태가 변한다.

se lever 일어나다	
je me lève	nous nous levons
tu te lèves	vous vous levez
il se lève elle	ils se lèvent elles

s'appeler ~라고 불리다, (이름이) ~이다	
je m'appelle	nous nous appelons
tu t'appelles	vous vous appelez
il s'appelle elle	ils s'appellent elles

△ me, te, se 는 모음이나 무음h로 시작되는 동사 앞에서는 m', t', s' 로 축약된다.

Vous vous appelez comment ? (당신은 이름이 뭐에요?)
- **Je m'appelle Cyril Bonnot.** (제 이름은 씨릴 보노입니다.)

△ 중요 대명동사

se réveiller 깨어나다 **se lever** 일어나다 **se laver** 씻다, **se maquiller** 화장하다
se raser 면도하다 **s'habiller** 옷입다 **s'amuser** 놀다,즐기다 **se promener** 산책하다
se reposer 쉬다 **se déshabiller** 옷을 벗다 **se coucher** 잠자리에 들다

2. 대명동사의 부정형은 se+ 동사 앞 뒤에 ne ~ pas를 놓는다.

se lever 일어나다	
je ne me lève pas	nous ne nous levons pas
tu ne te lèves pas	vous ne vous levez pas
il ne se lève pas elle	ils ne se lèvent pas elles

3. 동사의 동작이 복수의 주어 사이에서 상호적으로 이루어지는 경우를 대명동사의 상호적 용법이라고 하며, 이때 se는 '서로를(에게)'의 뜻으로 해석된다.

Ils se parlent. (그들은 서로 말하고 있다.)
Ils se regardent. (그들은 서로 보고 있다.)

EXERCICES

1 다음 대명동사를 주어에 맞게 변화시키세요.

1) Tu _____ (se raser) 2) Vous _____ (se parler)
3) On _____ (se reposer) 4) Nous _____ (se détester)
5) Je _____ (se déshabiller) 6) Ils _____ (se téléphoner)

2 다음 문장을 주어진 주어인칭대명사에 맞추어 변화시키세요.

ex.) **Je me couche tôt. [elle] ➡ Elle se couche tôt.**

1) Elle se réveille à cinq heures. [elles] ➡
2) Vous vous appelez comment ? [tu] ➡
3) Tu te lèves tôt et tu te couches tard. [vous] ➡
4) Hugo et Aurélie ne se parlent plus. [on] ➡
5) Nous nous aimons. [ils] ➡

3 다음 질문에 답하세요.

1) Est-ce qu'elles s'habillent ? – Oui, _____
2) Est-ce qu'ils se parlent ? – Non, _____
3) Tu te maquilles tous les jours ? – Oui, _____
4) Vous vous promenez le matin ? – Non, _____

프랑스에 관한 자료들
Documents sur la France

라탱 지구 Le quartier latin

12세기부터 라탱 지구는 학생들의 거리로, 소르본느 대학교, 파리 고등사범학교, 콜레주 드 프랑스 등 명문 학교가 자리하고 있다. 라탱Latin이라 불리는 이유는 프랑스혁명 때까지 소르본느 대학교의 교수와 학생들 모두 라틴어로 대화하는 것을 즐겼기 때문이라고 한다.

쌩 미셸 광장la place de Saint-Michel은 파리 젊은이들뿐만 아니라 전세계 유학생들로 붐비는 만남의 장소로 유명하며 이 주위의 카페, 레스토랑, 서점은 언제나 활기에 넘친다.

Leçon 06
C'est Marie.
C'est une voiture.

ialogue

1 A : Qu'est-ce que c'est ?
   B : C'est un sac.
      C'est une voiture.

2 A : Qu'est-ce que c'est ?
   B : Ce sont des sacs.
      Ce sont des voitures.

3 A : Qui est-ce ?
   B : C'est Marie.
      C'est une amie.

4 A : Est-ce que tu aimes les glaces ?
   B : Oui, c'est bon.

5 A : C'est combien, cette jupe ?
   B : 70 euros.
   A : C'est cher. Mais c'est joli.

▫ **Qu'est-ce que** 무엇을 ▫ **sac** m. 가방 ▫ **ami(e)** 친구 ▫ **glace** f. 아이스크림 ▫ **jupe** f. 치마
▫ **soixante-dix** 70 ▫ **cher** 비싼

1 A : 이것은 무엇인가요?
   B : 가방입니다.
       자동차입니다.

2 A : 이것들은 무엇인가요?
   B : 가방들입니다.
       자동차들입니다.

3 A : 저 사람은 누구죠?
   B : 마리예요.
       친구입니다.

4 A : 넌 아이스크림을 좋아하니?
   B : 응, 맛있어.

5 A : 이 치마는 얼마죠?
   B : 70유로입니다.
   A : 비싸군요. 하지만 예쁘네요

GRAMMAIRE

1 c'est/ce sont

1. 영어의 this is/these are에 해당하는 구문으로 ce는 지시대명사이며 다음과 같은 형태를 가진다.

1) 사물을 소개할 때

> c'est 　 단수 명사 ： 이것(저것, 그것)은 ~이다
> ce sont 　 복수 명사 ： 이것들(저것들, 그것들)은 ~이다

C'est un livre. 이것은 책입니다.
C'est une table. 이것은 탁자입니다.
Ce sont des livres. 이것들은 책들입니다.
Ce sont des tables. 이것들은 탁자들입니다.

2) 사람을 소개할 때

C'est Chloé. (이 사람이 끌로에입니다.) **C'est une amie.** (친구예요.)
C'est Marie. (이 사람은 마리입니다.) **C'est Gilles.** (이 사람은 질입니다.)
Ce sont des amis. (친구들입니다.)

3) 형용사가 오기도 한다.

C'est grand. (이것은 크다.)
C'est beau. (이것은 멋지다.)
C'est bon. (맛있다.)
C'est cher. (비싸다.)

2 의문문

1) 사물

① **C'est un livre ?** (이것은 책입니까?)
② **Est-ce que c'est un livre ?**
③ **Est-ce un livre ?**
 - Oui, c'est un livre.
 - Non, ce n'est pas un livre.

① **Ce sont des livres ?**　(이것들은 책들입니까?)
② **Est-ce que ce sont des livres ?**
③ **Sont-ce des livres ? (x)**
- **Oui, ce sont des livres.**
- **Non, ce ne sont pas des livres.**

△ 복수형 의문문에서는 주어와 동사가 도치되는 의문형을 만들 수 없다.

3 Qu'est-ce que c'est ? 이것(저것,그것)은 무엇입니까?

응답을 할 때에는 'C'est+단수형의 명사' 혹은 'Ce sont+복수형의 명사'를 쓴다.

Qu'est-ce que c'est ?
C'est une voiture. 혹은 **Ce sont des voitures.**

4 Qui est-ce ? 이 사람(저 사람)은 누구입니까?

응답을 할 때에는 마찬가지로 C'est... 혹은 Ce sont...을 쓴다.

Qui est-ce ?
C'est Bernard. 혹은 **Ce sont des amis.**

1 c'est 혹은 ce sont 으로 문장을 완성하세요.

1) _____ Nathalie.
2) _____ une amie.
3) _____ Patrice.
4) _____ des amis.
5) _____ un passeport.
6) _____ des dollars.
7) _____ des tickets de métro.
8) _____ cher.
9) _____ un sac.
10) _____ original.

2 다음 문장을 부정형으로 만드세요.

1) C'est un dictionnaire. ➜ _____
2) Ce sont des parapluies. ➜ _____
3) Ce sont des euros. ➜ _____
4) C'est une pharmacie. ➜ _____
5) Ce sont des enfants. ➜ _____

3 다음 질문에 대답하세요.

1) Est-ce que c'est une jupe ?
   Oui, _____
2) Est-ce un journaliste ?
   Non, _____
3) Ce sont des chaussures de sport ?
   Oui, _____
4) Est-ce que ce sont des roses ?
   Non, _____
5) Est-ce une librairie ?
   Oui, _____

Voca
▫**dollar** m.달러 ▫**euro** m.유로 ▫**dictionnaire** m.사전 ▫**pharmacie** f.약국 ▫**rose** f.장미 ▫**librairie** f.서점

프랑스에 관한 자료들
Documents sur la France

프랑스의 축제와 휴일 Fêtes et jours fériés en France

프랑스 달력에는 1월 1일부터 12월 31일에 이르기까지 1959년 베네딕트회가 제정한 성인의 이름이 붙여져 있고, 국경일 외에도 직업에 따라 정해진 축일이 있다. 이처럼 프랑스가 가톨릭 국가라는 점은 11일의 법정공휴일 가운데 6일이 종교 기념일이라는 사실을 통해서도 확인 할 수 있다. 부활절 월요일, 예수승천절, 성신강림절, 몽소승천절, 만성절, 크리스마스 등, 절반 이상이 예수의 탄생과 부활, 또는 성모에 관련된 기념일이다. 나머지 5일의 법정공휴일은 혁명기념일, 1차 대전 휴전기념일, 2차 대전 승전기념일, 그리고 설날과 노동절이다.

1월	1일 : 신년 Jour de l'an 6일 : 주현절 la fête des Rois	6월	6월의 세 번째 일요일 : 아버지의 날 la fête des pères
2월	14일 : 발렌타인데이 la Saint-Valentin	7월	14일 : 프랑스 혁명기념일 Fête nationale
4월	부활절(해마다 날짜가 달라짐) Pâques 부활절 다음날 월요일 Lundi de Pâques	8월	15일 : 성모승천일 Assomption
5월	1일 : 노동절 Fête du Travail 8일 : 1945년 제 2차 대전 승전기념일 　　Fête de la victoire de 1945 승천일(부활절로부터 40일째) Ascension 성신강림일(부활절로부터 50일째) Pentecôte 5월의 마지막 일요일 : 　어머니의 날 la fête des mères	11월	1일 : 만성절 Toussaint 11일 : 1918년 제 1차 대전 휴전기념일 　　Armistice de 1918
		12월	25일 : 크리스마스 Noël

Leçon 07   Ce sont les livres du professeur. Il est au restaurant.

Track 30

1.   A : C'est la maison du professeur.
      B : C'est le mari de la directrice.

2.   A : C'est le livre de l'étudiant.
      B : C'est la voiture de l'étudiante.

3.   A : Ce sont les vélos des voisins.
      B : Ce sont les jouets des enfants.

4.   A : Je suis à la maison maintenant. Et toi ?
           Tu es à l'école ou à la bibliothèque ?
      B : Moi, je suis à la bibliothèque.

5.   A : Où êtes-vous ?
      B : Je suis au restaurant et je mange avec Élodie.

□ **mari** m. 남편   □ **vélo** m. 자전거   □ **voisin** m. 이웃남자   □ **jouet** m. 장난감   □ **maintenant** 지금
□ **bibliothèque** f. 도서관

1　A : 이것은 선생님의 집입니다.
　　B : 이분은 여사장님의 남편입니다.

2　A : 이것은 저 남학생의 책입니다.
　　B : 저것은 그 여학생의 자동차입니다.

3　A : 이것들은 저 이웃들의 자전거들입니다.
　　B : 저것들은 그 아이들의 장난감들입니다.

4　A : 나는 지금 집에 있어. 넌?
　　　　너는 학교에 있니 아님 도서관에 있니?
　　B : 나는 도서관에 있어.

5　A : 당신은 어디에 있나요?
　　B : 저는 식당에 있어요. 그리고 엘로디와 밥을 먹고 있습니다.

1 전치사와 정관사의 축약 (article contracté)

전치사 de나 à 뒤에서 정관사 le와 les는, 앞의 전치사와 합쳐진 형태로 축약되어 변한다. 하지만 정관사 la와 l'은 그 형태가 변하지 않는다.

1. de + 정관사

남성단수	de le ➡ du
여성단수	de la
모음단수/무음 h	de l'
남성/여성 복수	de les ➡ des

les chaussures de le père. (x) ➡ **les chaussures du père** (아버지의 신발)

les chaussures de la mère (어머니의 신발)

les chaussures de l'enfant (아이의 신발)

les chaussures de les parents. (x) ➡ **les chaussures des parents** (부모님들의 신발)

2. à + 정관사

남성단수	à le ➡ au
여성단수	à la
모음단수/무음 h	à l'
남성/여성 복수	à les ➡ aux

Je vais à le cinéma. (x) ➡ **Je vais au cinéma.** (나는 영화관에 간다.)
Tu es à la piscine. (너는 수영장에 있다.)
Il va à l'opéra. (그는 오페라에 간다.)
Elle donne du gâteau à les enfants. (x) ➡ **Elle donne du gâteau aux enfants.**
(그녀는 아이들에게 과자를 준다.)

 **EXERCICES**

1 다음 빈 칸에 축약관사 **du, de la, de l', des**를 넣어 문장을 완성하세요.

1) C'est le numéro_____hôtel.

2) Le sac_____professeur est noir.

3) La voiture_____voisine est superbe !

4) C'est la maison_____acteur.

5) Ce sont les vêtements_____enfants.

2 다음 빈 칸에 축약관사 **au, à la, à l', aux**를 넣어 문장을 완성하세요.

1) Elle est_____hôpital.

2) Il ne travaillle pas, il est toujours_____café.

3) Tu téléphones_____directeur ?

4) Il donne des fleurs_____jeune fille.

5) Je parle_____élèves.

프랑스에 관한 자료들
Documents sur la France

프랑스의 식당 1

프랑스에서도 파리의 레스토랑은 실로 다양하기 이를 데 없다. 가게의 등급과 요리의 종류, 음식값 등에서 무수히 나뉘어져 있으므로, 누구나 주머니 사정과 기분에 따라 마음에 맞는 레스토랑을 고를 수 있다. 현대적인 초일류 레스토랑에서 전통을 자랑하는 오래된 가게, 서민적인 비스트로, 브라스리, 살롱 드 떼에 이르기까지 다양하다.

레스토랑 restaurant

프랑스의 일반적인 레스토랑은 우리나라와 다르게 주로 점심과 저녁시간에 맞추어 문을 여는 것이 대부분이며 파리의 이름 있는 레스토랑은 예약을 하지 않으면 안 된다. 영업 시간은 점심 12:00-15:00, 저녁 19:00-23:00가 표준이다. 이 시간 외에는 극장 근처의 레스토랑이나 카페, 비스트로, 브라스리 등을 이용할 수 밖에 없다.

비스트로 Bistrot

가장 서민적인 파리지앵의 분위기를 느낄 수 있는 곳이다. 대부분의 식당은 자그마하고 평범하게 꾸며져 있는데, 안에는 긴 카운터가 있어서 그 안에서 포도주를 마신다.

대개는 포도주만 마시지만 출출해지면 안주를 먹기도 한다. 안주는 우리가 생각하는 안주와는 좀 다르다. 출출할 때 먹는 가벼운 식사라고나 할까, 이를 까스 크루트 casse-croûte 라고 하는데, 삶은 달걀이나 소시지, 햄, 치즈 등이다. 영업 시간도 오후에 쉬는 시간이 없으므로 언제든지 와서 부담없이 먹을 수 있다. 주로 포도주와 간단한 간식거리를 즐기는 곳이지만 전통 프랑스 향토 요리를 내놓는 곳도 있다.

Leçon

08 Ma voiture est rouge.

Dialogue

 Track 31

1 A : C'est ma voiture.
   B : Votre voiture rouge est très belle.
       J'aime bien cette couleur.

2 A : Ce sont les vêtements de mes parents.
   B : Leurs vêtements sont beaux !

3 A : C'est ton copain ?
   B : Oui, c'est mon copain, Henri.
       Sa famille habite en Chine.

4 A : Est-ce qu'il invite son amie française à dîner ?
   B : Oui, il invite ce week-end.

▫ **couleur** f. 색깔 ▫ **copain** m. 친구 ▫ **inviter** 초대하다 ▫ **dîner** m. 저녁식사 ▫ **week-end** m. 주말

1 A : 이것은 제 자동차입니다.
　B : 당신의 빨간색 자동차는 매우 예쁘군요.
　　　저는 이 색깔을 참 좋아해요.

2 A : 이것들은 나의 부모님들의 옷들이야.
　B : 그들의 옷들은 멋지구나!

3 A : 이 사람이 너의 남자친구니?
　B : 응, 내 남자친구 앙리야.
　　　그의 가족은 중국에 살아.

4 A : 그는 그의 프랑스인 여자친구를 저녁식사에 초대하니?
　B : 응, 그는 이번 주말에 초대해.

GRAMMAIRE

1 소유형용사 (adjectifs possessifs)

명사 앞에 관사 대신 쓰이며, 명사의 성과 수에 일치시켜야 한다.

	나의	너의	그의/그녀의
남성단수	mon	ton	son
여성단수	ma	ta	sa
남/여 복수	mes	tes	ses
	우리의	당신의	그들의/그녀들의
남성단수	notre	votre	leur
여성단수	notre	votre	leur
남/여 복수	nos	vos	leurs

mon père 나의 아버지 **ma mère** 나의 어머니 **mes parents** 나의 부모님
le livre de Chloé (끌로에의 책) ➔ **son livre** (그녀의 책)

la voiture de Christophe (크리스토프의 자동차) ➔ **sa voiture** (그의 자동차)

△ 3인칭 단수형인 son, sa, ses는 '그의' 혹은 '그녀의'란 뜻이며, 영어의 his, her과 구별해야 한다.
  son père (그의 아버지/그녀의 아버지) **sa mère** (그의/그녀의 어머니)

ses parents (그의 부모님/그녀의 부모님)
leur père (그들의 아버지/그녀들의 아버지) leur mère (그들의 어머니/그녀들의 어머니)
leurs parents (그들의 부모님/그녀들의 부모님)

△ 여성 명사지만 모음이나 무음 h로 시작하는 단수형은 ma, ta, sa 대신 mon, ton, son 을 써야 한다.

ma adresse (x)　mon adresse (o)　　나의 주소
ta école (x)　　 ton école (o)　　　너의 학교
sa amie (x)　　 son amie (o)　　　그의 여자친구/그녀의 여자친구

2 지시형용사 (adjectifs démonstratifs)

'이, 그, 저~' 또는 과 같이 사람이나 사물을 가리킬 때 쓰는 형용사이다.

남성단수	ce cet	ce garçon cet homme
여성단수	cette	cette fille
남,여 복수	ces	ces garçons ces filles

△ 남성 명사 중 모음이나 무음 h로 시작하는 단수형은 cet형태를 취하며, 복수형일 경우엔 연음에도 주의하자.

cet ordinateur　　cet hôtel　　ces ordinateurs　　ces hôtels

△ 시간을 나타내는 명사 앞에서는 '오늘, 이번~'이란 뜻도 있다.

ce matin 오늘 아침 **cet après-midi** 오늘 오후 **ce soir** 오늘 저녁 **cette nuit** 오늘 밤
ce samedi 이번 토요일 **ce week-end** 이번 주말 **cette semaine** 이번 주
cet été 올 여름

1 다음에 적합한 소유형용사를 넣으세요.

1) _____ fleur 당신의 꽃   2) _____ appartement 그녀의 아파트
3) _____ poissons 그들의 생선들   4) _____ écharpe 나의 스카프
5) _____ cravates 그의 넥타이들   6) _____ école 너의 학교
7) _____ voiture 우리의 자동차   8) _____ sacs 그녀의 가방들

2 적합한 소유형용사를 넣어 문장을 완성하세요.

1) _____ père est français et _____ mère est anglaise.
(그의 아버지는 프랑스인이고 그의 어머니는 영국인이다.)

2) Maman, je ne trouve pas _____ lunettes.
(엄마, 내 안경을 못 찾겠어요.)

3) Vous garez _____ voiture dans le parking ?
(당신은 당신의 자동차를 주차장에 주차시킬 겁니까?)

4) Elles habitent chez _____ parents ?
(그녀들은 그녀들의 부모님 집에서 삽니까?)

5) _____ chats sont très gros.
(네 고양이들은 매우 뚱뚱하구나.)

6) J'oublie toujours _____ adresse e-mail et _____ numéro de téléphone.
(난 항상 네 이메일 주소와 전화번호를 잊어버려.)

7) _____ chambre est grande et confortable.
(우리의 방은 크고 안락하다.)

3 다음에 적합한 지시형용사를 넣으세요.

1) _____ actrices   2) _____ stylo
3) _____ journal   4) _____ chiens
5) _____ crêpe   6) _____ arbre
7) _____ lunettes   8) _____ hiver

4 적합한 지시형용사 ce, cet, cette, ces 를 넣어 문장을 완성하세요.

1) On dîne dans _____ restaurant ?
2) _____ ordinateur est en panne.
3) Il habite dans _____ quartier.
4) Tu regardes _____ film _____ après-midi ?
5) J'aime beaucoup les romans de _____ écrivain.
6) _____ jupe est très jolie.
7) _____ homme parle japonais.
8) Vous essayez _____ chaussures ?   Non, je n'aime pas _____ couleur.
9) _____ acteurs sont très charmants.
10) _____ églises sont anciennes.

▫**écharpe** f.스카프 ▫**trouver** 찾다 ▫**garer** 주차시키다 ▫**dans** ～안에 ▫**parking** m.주차장 ▫**chez** ～집에 ▫**oublier** 잊다
▫**crêpe** f.크레페 ▫**en panne** 고장난 ▫**quartier** m.구역,지구 ▫**essayer** 시도하다,입어보다,신어보다 ▫**ancien(ne)** 낡은,오래된

Leçon

9-1 Vous avez une belle voiture.

Track 32

1 A : Vous avez une voiture ?
B : Oui, j'ai une belle voiture.

2 A : Tu as un lit ?
B : Oui, j'ai un grand lit.

3 A : J'ai un pull blanc et un pantalon noir. Et toi ?
B : Moi, je n'ai pas de pull mais j'ai un pantalon noir.

4 A : Vous avez ma clé, s'il vous plaît ?
B : Votre chambre est le numéro 17 ? Voilà.
A : Merci.

□ **lit** m. 침대 □ **pull** m. 스웨터 □ **pantalon** m. 바지 □ **blanc** 흰색의 □ **noir** 검정색의 □ **clé** f. 열쇠
□ **numéro** m. 번호 □ **voilà** 여기 있습니다

1 A : 당신은 자동차가 있나요?
   B : 네, 저는 멋진 자동차가 있어요.

2 A : 넌 침대가 있니?
   B : 응, 나는 큰 침대가 있어.

3 A : 난 흰색 스웨터와 검정색 바지가 있어. 넌?
   B : 난 스웨터는 없지만 검정색 바지는 있어.

4 A : 제 열쇠를 가지고 있나요?
   B : 당신의 방은 17번이죠? 자, 여기 있습니다.
   A : 고맙습니다.

Leçon 9-2 Tu as quel âge ?

Dialogue

 Track 33

1 A : Tu es fatiguée, ma chérie ?
B : Non, ça va. Mais j'ai faim et j'ai un peu sommeil.

2 A : Ton nouveau copain, Thierry, il est comment ?
B : Ah, il est très beau. Il a les cheveux blonds et il a les yeux bleus.
A : Il a quel âge ?
B : Il a 25 ans.

3 A : Tu as quel âge ?
B : J'ai 19 ans.
A : Ah, tu es très jeune ! Et ta sœur ?
B : Elle a 21 ans.
A : Alors elle a un copain ?

▫ **ah bon** 그래?, 그렇구나   ▫ **petit boulot** m. 아르바이트   ▫ **poème** m. 시   ▫ **peut-être** 아마도

1 A : 너 피곤하니, 우리 딸(애기)?
   B : 아니오, 괜찮아요. 그런데 전 배가 고프고 조금 졸려요.

2 A : 너의 새 친구 띠에리, 그는 어때?
   B : 아, 그는 아주 멋있어. 그는 금발머리에 파란 눈을 가졌어.
   A : 몇 살이야?
   B : 25살이야.

3 A : 너 몇 살이니?
   B : 19살이야.
   A : 아, 너 아주 젊구나! 그럼 너의 언니는?
   B : 그녀는 21살이야.
   A : 그럼 언니는 남자친구 있니?

1 동사 avoir의 현재형

▶ 일반적으로 소유의 뜻을 가지며 영어의 have 동사에 해당한다.

avoir (~을 가지고 있다)		
j'	ai	nous	avons
tu	as	vous	avez
il elle on	a	ils elles	ont

J'ai un appareil photo. (난 카메라가 있어.)
Tu as une voiture blanche. (넌 흰색 자동차를 가지고 있구나.)
Elle a trois chats. (그녀는 고양이 세 마리를 가지고 있어.)
Nous avons des ordinateurs. (우리는 컴퓨터들을 소유하고 있다.)
Vous avez un appartement. (당신은 아파트 한 채를 갖고 있군요.)
Ils ont des lunettes. (그들은 안경을 쓰고 있다.)
Elles ont des chaussures italiennes. (그녀들은 이탈리아산 신발들을 신고 있네.)

△ 부정문 : ne 동사 pas

부정문은 동사 앞, 뒤에 ne ~ pas를 첨가하면 된다. ne는 모음 앞에서 축약한다.

je n'ai pas	nous n'avons pas
tu n'as pas	vous n'avez pas
il n'a pas elle	ils n'ont pas elles

△ 부정문에서 부정관사 un, une, des는 부정의 de(d')로 바뀐다.

Est-ce que vous avez une maison ?
- Non, je n'ai pas de maison.
Est-ce qu'il a une cravate ?
- Non, il n'a pas de cravate.
A-t-elle un ordinateur ?
- Non, elle n'a pas d'ordinateur.

△ 하지만, 부정문에서도 정관사 le, la, les는 부정의 de로 바뀌지 않는다.
   Avez-vous le manteau ?
   - Non, je n'ai pas le manteau.
   Ont-ils les photos de Julie ?
   - Non, ils n'ont pas les photos de Julie.

△ 도치 의문문을 만들 때 모음으로 시작되는 3인칭 단수의 주어인칭대명사와 동사 사이에는 모음충돌을 피하기 위해 t가 삽입된다.
   A-t-il des enfants ? (그는 아이들이 있나요?)
   A-t-elle un téléphone portable ? (그녀는 휴대폰이 있나요?)

△ 색깔 형용사

남성	여성	남성	여성
rouge 빨간색의	rouge	noir 검정색의	noire
jaune 노란색의	jaune	blanc 흰색의	blanche
vert 녹색의	verte	gris 회색의	grise
bleu 파란색의	bleue	brun 갈색의	brune
violet 보라색의	violette	blond 금색의	blonde

△ 형용사가 명사를 수식할 때에는 수식하는 명사의 성과 수에 일치시킨다. 이 때 형용사는 명사 뒤에 오는 게 일반적이다.
   un sac rouge (빨간색 가방)   **une voiture rouge** (빨간색 자동차)
   un pull vert (녹색 스웨터)   **une chemise verte** (녹색 셔츠)
   des chapeaux blancs (흰색 모자들)   **des robes blanches** (흰색 드레스들)

△ 형용사는 명사 뒤에 오는 게 일반적이나, grand, petit, bon, mauvais, gros, beau, joli, jeune, vieux 등과 같은 짧고 자주 쓰이는 형용사는 명사 앞에 놓인다. 그리고 복수 형용사 앞의 부정관사 des는 de 로 변한다.
   Elle a une grande maison. (그녀는 큰 집을 가지고 있다.)

# GRAMMAIRE

Vous avez un joli pull. (당신은 예쁜 스웨터가 있군요.)

de jolies jupes (예쁜 치마들)
de beaux garçons (멋진 남자들)

△ beau, vieux 는 불규칙 여성형을 가지고 있으며, 모음이나 무음h로 시작하는 남성단수 명사 앞에서 모음충돌을 피하기 위해 남성 제2형이란 또 다른 형태가 존재한다.

- 여성형 (belle, vieille)

une belle maison (예쁜 집) **une vieille dame** (노부인)

- 남성 제2형 (bel, vieil)

un bel appartement (예쁜 아파트) **un vieil ami** (오랜 친구)

▶ 나이를 말할 때

Quel âge avez-vous ? (당신은 몇 살이세요?)
J'ai vingt ans. (전 20살입니다.)
Quel âge as-tu ? (넌 몇 살이니?)
J'ai vingt-quatre ans. (난 24살이야.)
Quel âge a-t-il ? (그는 몇 살인가요?)
Il a cinquante-six ans. (그는 56세입니다.)
Ma mère a quarante-neuf ans. (나의 어머니는 49세입니다.)

▶ avoir 뒤에 무관사 명사가 따라오는 관용구

avoir faim (배고프다) : **Est-ce que tu as faim ? - Oui, j'ai faim.**
avoir soif (목마르다) : **Est-ce que vous avez soif ? – Non, je n'ai pas soif.**
avoir chaud (덥다) : **Nous avons chaud.**
avoir froid (춥다) : **J'ai froid.**
avoir sommeil (잠이 오다) : **Vous avez sommeil ?**
avoir peur (무섭다) : **Ils ont peur.**

▶ 신체의 특성을 나타낼 때

Tu as les yeux bleus. (너는 파란 눈을 가졌구나.)
Il a les cheveux blonds. (그는 금발머리를 가졌어.)
Elle a les cheveux longs. (그녀는 긴 머리카락을 가졌어.)

▶ 아픔의 감정을 말할 때 : avoir mal à + 정관사 + 신체부위
J'ai mal au ventre. (난 배가 아파요.)
Tu as mal à la tête. (넌 머리가 아프구나.)
Vous avez mal aux pieds ? (당신은 발이 아프세요?)

Le visage (얼굴) Track 35

이마 le front
얼굴 le visage
눈 l'œil (les yeux 눈 복수형)
코 le nez
입술 les lèvres
이, 치아 les dents
혀 la langue
입 la bouche
턱 le menton

머리 la tête
머리카락 les cheveux
눈썹 le sourcil
속눈썹 le cil
귀 les oreilles
볼, 뺨 la joue
목 le cou
목구멍 la gorge

Leçon 09・79

GRAMMAIRE

Le corps(신체)

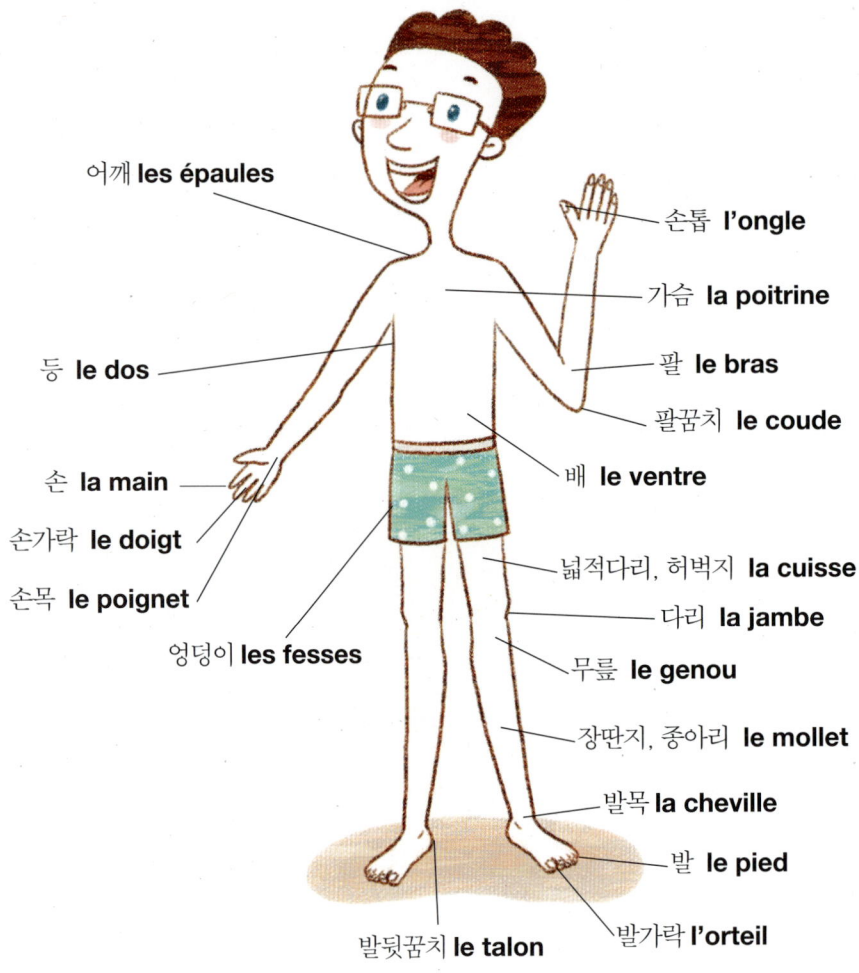

- 어깨 les épaules
- 등 le dos
- 손 la main
- 손가락 le doigt
- 손목 le poignet
- 엉덩이 les fesses
- 발뒷꿈치 le talon
- 손톱 l'ongle
- 가슴 la poitrine
- 팔 le bras
- 팔꿈치 le coude
- 배 le ventre
- 넓적다리, 허벅지 la cuisse
- 다리 la jambe
- 무릎 le genou
- 장딴지, 종아리 le mollet
- 발목 la cheville
- 발 le pied
- 발가락 l'orteil

1 avoir 동사와 함께 빈칸을 채우세요.

1) Vous _____ un chien.   2) J' _____ une table.

3) Nous _____ un lit.   4) Elles _____ une maison.

5) Les enfants _____ des jouets.   6) Frédéric _____ un passeport.

7) On _____ des problèmes.   8) Tu _____ un ordinateur portable.

2 avoir 동사를 사용하여 질문하고 답을 해 보세요.

1) Est-ce que vous _____ une voiture ?

   - Oui, j' _____ une voiture rouge.

2) Tu _____ une carte d'identité ?

   - Non, _____ .

3) Est-ce qu'ils _____ des amis français ?

   - Oui, _____ .

4) Est-ce qu'elle _____ un téléphone portable ?

   - Non, _____ .

5) Il _____ des lunettes ?

   - Non, _____ .

6) Tu n' _____ pas de cahiers ?

   - Si, _____ .

3 avoir 와 être 동사를 적절히 사용하여 다음 문장을 완성하세요.

1) Anne _____ blonde et jeune.

2) François _____ les cheveux bruns et les yeux verts.

3) Ils _____ faim.

4) Elsa et Bernard _____ allemands.

5) Patrice _____ 45 ans.

Voca

□ **passeport** m. 여권   □ **carte d'identité** f. 신분증   □ **lunettes** f.pl. 안경

Leçon

10 Il y a un lit dans ma chambre.

ialogue

1 Est-ce qu'il y a un lit dans votre chambre ?
- Oui, il y a un lit dans ma chambre.
- Non, il n'y a pas de lit dans ma chambre.

2 Y a-t-il des cravates sous la chaise ?
- Oui, il y a des cravates sous la chaise.
- Non, il n'y a pas de cravates sous la chaise.

3 Qu'est-ce qu'il y a dans le tiroir ?
Il y a un stylo, des clés et des papiers.

4 Qu'est-ce qu'il y a sur le mur ?
Sur le mur, il y a un miroir, une affiche et des tableaux.

5 Y a-t-il une église près d'ici ?
Oui, il y a une église devant le café.

 □ **papier** m. 종이, 서류, 문서   □ **affiche** f. 벽보, 포스터   □ **tableau** m. 그림, 게시판, 칠판

1 당신의 방 안에는 침대가 있나요?
   -네, 제 방 안에는 침대가 있습니다.
   -아니요, 제 방 안에는 침대가 없습니다.

2 의자 아래에 넥타이들이 있나요?
   -네, 의자 아래에 넥타이들이 있습니다.
   -아니요, 의자 아래에는 넥타이들이 없습니다.

3 서랍 안에는 무엇이 있나요?
   만년필 한자루, 열쇠들 그리고 서류들이 있습니다.

4 벽 위에는 무엇이 있나요?
   벽 위에는 거울, 포스터 한장 그리고 그림들이 있습니다.

5 이 근처에 교회가 있나요?
   네, 그 커피숍 앞에 교회가 있습니다.

Track 38

1 장소전치사 (prépositions de lieu)

sur ~위에

Le vase est sur la table. (화병은 탁자 위에 있다.)

La cravate de Nicolas est sur le lit. (니꼴라의 넥타이는 침대 위에 있다.)

sous ~아래에

Les bateaux passent sous le pont des Arts. (배들이 예술교 아래로 지나간다.)

Ton portefeuille est sous le sac. (네 지갑이 가방 아래에 있다.)

devant ~앞에

La sculpture est devant le café. (조각상이 카페 앞에 있다.)

Les voitures sont devant le magasin. (자동차들이 상점 앞에 있다.)

derrière ~뒤에

Tes enfants sont derrière le tableau. (네 아이들은 칠판 뒤에 있다.)

La chaise est derrière le canapé. (의자는 소파 뒤에 있다.)

dans ~안에

Nathalie est dans ma voiture. (나딸리는 내 차 안에 있다.)

Mes bijoux sont dans cette boîte. (나의 보석들은 이 상자안에 있다.)

à côté de ~옆에

Mon appartement est à côté de l'école. (나의 아파트는 그 학교 옆에 있다.)
Madame Mignot est à côté de Guillaume. (미뇨 씨는 기욤 옆에 계신다.)

en face de ~맞은편에

La piscine est en face du cinéma. (그 수영장은 영화관 맞은편에 있다.)
Le magasin est en face de l'immeuble. (그 상점은 건물 맞은편에 있다.)

près de ~가까이에

Le restaurant italien est près d'ici. (그 이탈리아 식당은 여기에서 가까워요.)
Lille est près de Paris. (릴은 파리에서 가깝다.)

loin de ~멀리에

L'école est loin de la maison de Marie. (학교는 마리의 집에서 멀다.)
J'habite loin de Paris. (나는 파리에서 멀리 산다.)

chez ~집에

Je suis chez Christophe. (나는 크리스토프 집에 있어.)
Tu es chez toi ? (넌 집에 있니?)

GRAMMAIRE

2 Il y a 구문

1. 영어의 there is/there are에 해당하는 구문으로 '여기/저기에 ~가 있다'란 의미를 가진다.

Il y a + 단/복수 명사 (+ 장소)   '(장소)…에 ~이 있다'

Il y a un sac. (가방이 있다.)
Il y a une cravate. (넥타이가 있다.)

Il y a des sacs. (가방들이 있다.)
Il y a des cravates. (넥타이들이 있다.)

Il y a un lit dans la chambre. (그 방 안에는 침대가 있다.)
Il y a une fleur sur la table. (탁자 위에는 꽃이 있다.)

Il y a des lits dans la chambre. (그 방 안에는 침대들이 있다.)
Il y a des fleurs sur la table. (탁자 위에는 꽃들이 있다.)

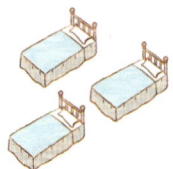 

2. 부정문의 형태 : il n'y a pas

부정문은 동사 앞, 뒤에 ne ~ pas를 첨가하면 된다. ne는 모음 앞에서는 축약한다

3. 의문문의 세 가지 형태 중 도치 의문문에서는 y a와 il 사이에 t를 삽입한다.
   ① Il y a une lettre sur le bureau ? (책상 위에는 편지가 있나요?)
   ② Est-ce qu'il y a une lettre sur le bureau ?
   ③ Y a-t-il une lettre sur le bureau ?
   - Oui, il y a une lettre sur le bureau.
   - Non, il n'y a pas de lettre sur le bureau.

4. Qu'est-ce qu'il y a...? 무엇이 있습니까?
   Qu'est-ce qu'il y a dans votre sac ?
   (당신의 가방 안에는 무엇이 있습니까?)
   - Il y a des livres, une carte de transport et un portefeuille dans mon sac.
   (제 가방 안에는 책들, 교통카드 그리고 지갑이 있습니다.)

1 다음 빈칸에 대화 내용에 맞는 전치사를 넣어보세요.

1) Où es-tu ? (너 어디에 있니?)
   Je suis _____ un bus. (버스 안에 있어.)

2) Où sont les filles ? (그 여자애들은 어디에 있니?)
   Elles sont _____ la boutique. (그녀들은 그 상점 앞에 있어.)

3) Le fauteuil est _____ la table. (그 의자는 테이블 옆에 있습니다.)

4) Mon appartement est _____ parc Mont-souris.
   (나의 집은 몽쑤리 공원 맞은 편에 있어.)

5) Ils sont _____ leurs parents. (그들은 그들의 부모님 집에 있다.)

2 다음 질문에 답하세요.

1) Est-ce qu'il y a des arbres dans ton jardin ?
   Oui, _____

2) Y a-t-il des voitures devant mon garage ?
   Non, _____ devant votre garage.

3) Est-ce qu'il y a des enfants dans la voiture ?
   Non, _____ dans la voiture.

4) Qu'est-ce qu'il y a derrière le fauteuil ? (un pantalon, des lunettes)
   _____

3 다음 빈칸을 채우세요.

1) 광장 위에 약국이 있습니다.
   Il y a une pharmacie _____ la place.

2) 당신의 서랍 안에는 서류가 없습니다.
   Il n'y a pas de papiers _____ votre tiroir.

3) TV 앞에는 탁자가 있습니다.
   Il y a une table _____ la télévision.

4) 제 부엌 안에는 오븐이 있습니다.
   Il y a un four _____ ma cuisine.

5) 의자 뒤에는 모자가 없습니다.
   Il n'y a pas de chapeau _____ la chaise.

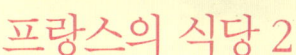

프랑스의 식당 2

브라스리 Brasserie

비스트로보다는 좀 더 대중적인 곳으로 비스트로보다는 규모가 크고 낮부터 밤 1시까지 영업한다. 주로 맥주를 판매하는데, 안주는 까스 크루트뿐만 아니라 간단한 요리도 맛볼 수 있다. 맥주를 마시면서 먹고 싶은 것을 한두 접시 주문하여 부담 없이 먹을 수 있다.

살롱 드 떼 salon de thé

문자 그대로 차를 마실 수 있는 곳으로 카페보다 우아하고 고급스러운 분위기에 점심도 간단히 먹을 수 있는 곳이다. 멋쟁이 여성들이 이야기를 주고 받으며 한때를 즐기기에 최적의 장소이다. 다방과 제과점을 합친 일종의 찻집이며 주로 차와 함께 케이크나 타르트를 즐길 수 있다.

Leçon 11
Quelle heure est-il?

Dialogue

1 A : Excusez-moi madame, quelle heure est-il ?
   B : Il est une heure dix.

2 A : Tu as rendez-vous ce soir ?
   B : Oui, j'ai rendez-vous avec Nicole devant l'opéra.
   A : À quelle heure ?
   B : À dix-neuf heures.

3 A : Regardez, c'est la fille de Robert.
   B : Oh, elle est très jolie et elle ressemble beaucoup à sa mère. Quel âge a-t-elle ?
   A : Elle a vingt-sept ans. Et elle est mariée.

▫ **ressembler à**~ ~와 닮다

1 A : 실례하지만 부인, 몇 시입니까?
　 B : 1시 10분입니다.

2 A : 너 오늘 저녁에 약속있니?
　 B : 응, 니꼴이랑 오페라 앞에서 약속이 있어.
　 A : 몇 시에?
　 B : 19시에.

3 A : 보세요, 로베르의 딸이에요.
　 B : 오, 참 예쁘네요. 그리고 그녀는 어머니와 많이 닮았군요.
　　　몇 살이에요?
　 A : 27살이에요. 그리고 결혼했어요.

1 수사 (les nombres cardinaux)

0 zéro	20 vingt	40 quarante	60 soixante	80 quatre-vingts
1 un(e)	21 vingt et un	41 quarante et un	61 soixante et un	81 quatre-vingt-un
2 deux	22 vingt-deux	42 quarante-deux	62 soixante-deux	82 quatre-vingt-deux
3 trois	23 vingt-trois	43 quarante-trois	63 soixante-trois	83 quatre-vingt-trois
4 quatre	24 vingt-quatre	44 quarante-quatre	64 soixante-quatre	84 quatre-vingt-quatre
5 cinq	25 vingt-cinq	45 quarante-cinq	65 soixante-cinq	85 quatre-vingt-cinq
6 six	26 vingt-six	46 quarante-six	66 soixante-six	86 quatre-vingt-six
7 sept	27 vingt-sept	47 quarante-sept	67 soixante-sept	87 quatre-vingt-sept
8 huit	28 vingt-huit	48 quarante-huit	68 soixante-huit	88 quatre-vingt-huit
9 neuf	29 vingt-neuf	49 quarante-neuf	69 soixante-neuf	89 quatre-vingt-neuf
10 dix	30 trente	50 cinquante	70 soixante-dix	90 quatre-vingt-dix
11 onze	31 trente et un	51 cinquante et un	71 soixante et onze	91 quatre-vingt-onze
12 douze	32 trente-deux	52 cinquante-deux	72 soixante-douze	92 quatre-vingt-douze
13 treize	33 trente-trois	53 cinquante-trois	73 soixante-treize	93 quatre-vingt-treize
14 quatorze	34 trente-quatre	54 cinquante-quatre	74 soixante-quatorze	94 quatre-vingt-quatorze
15 quinze	35 trente-cinq	55 cinquante-cinq	75 soixante-quinze	95 quatre-vingt-quinze
16 seize	36 trente-six	56 cinquante-six	76 soixante-seize	96 quatre-vingt-seize
17 dix-sept	37 trente-sept	57 cinquante-sept	77 soixante-dix-sept	97 quatre-vingt-dix-sept
18 dix-huit	38 trente-huit	58 cinquante-huit	78 soixante-dix-huit	98 quatre-vingt-dix-huit
19 dix-neuf	39 trente-neuf	59 cinquante-neuf	79 soixante-dix-neuf	99 quatre-vingt-dix-neuf

100	200	1000	2000	100 000
cent	deux cents	mille	deux mille	cent mille
101	201	1001	2001	1000 000
cent un	deux cent un	mille un	deux mille un	un million
102	202	1002	10 000	1000 000 000
cent deux	deux cent deux	mille deux	dix mille	un milliard

△ 21, 31, 41, 51, 61, 71은 et로 연결된다. 그 외에 수를 조합해서 만들 경우엔 '‐'를 넣어 연결한다.

vingt et un   **trente et un**
cinquante-trois   **quatre-vingt-dix-sept**

△ q 뒤에 모음이 나올 때는 반드시 u를 삽입한다.

quinze   **cinquante**

△ et 뒤에는 모음 앞에서 연음하지 않는다.

quarante et un   **soixante et onze**

△ six, dix 뒤에 모음이 오면 끝자음이 [z]로 발음된다.

six amis   **dix hommes**

△ cinq, six, dix, huit는 자음 앞에서는 숫자의 끝자음이 발음되지 않는다.

six personnes   **dix jours**   **huit livres**
예외) **dix-neuf [diz nœf]**

△ neuf는 시간을 나타내는 명사 heures와 나이와 연도를 나타내는 명사 ans 앞에서는 f를 [v]로 발음한다.

neuf heures   **dix-neuf heures**   **neuf ans**   **trente-neuf ans**

# GRAMMAIRE

△ mille 은 불변하므로 복수형은 존재하지 않는다. 하지만 million이나 milliard에는 복수형이 있다.

deux milles (x)　　**deux mille (o)**
quatre millons　　**dix milliards**

2 서수 (les nombres ordinaux)

서수는 기수뒤에 ième을 붙여서 만든다.

1ᵉʳ premier/première	11ᵉ onzième	21ᵉ vingt et unième	70ᵉ soixante-dixième
2ᵉ deuxième/second(e)	12ᵉ douzième	22ᵉ vingt-deuxième	71ᵉ soixante et onzième
3ᵉ troisième	13ᵉ treizième	30ᵉ trentième	80ᵉ quatre-vingtième
4ᵉ quatrième	14ᵉ quatorzième	31ᵉ trente et unième	81ᵉ quatre-vingt-unième
5ᵉ cinquième	15ᵉ quinzième	40ᵉ quarantième	90ᵉ quatre-vingt-dixième
6ᵉ sixième	16ᵉ seizième	41ᵉ quarante et unième	91ᵉ quatre-vingt-onzième
7ᵉ septième	17ᵉ dix-septième	50ᵉ cinquantième	100ᵉ centième
8ᵉ huitième	18ᵉ dix-huitième	51ᵉ cinquante et unième	1000ᵉ millième
9ᵉ neuvième	19ᵉ dix-neuvième	60ᵉ soixantième	10 000ᵉ dix millième
10ᵉ dixième	20ᵉ vingtième	61ᵉ soixante et unième	1000 000ᵉ millionième

△ 기수가 -e나 -s로 끝날 때에는 이를 생략하고 ième을 붙인다.

　　onze + ième ➡ onzième　　quatre-vingts + ième ➡ quatre-vingtième

△ 두번째 second(e)에서 c는 [g]로 발음한다.
△ 날짜 앞에는 정관사 le를 사용한다. 매달 1일은 서수를 사용하고, 나머지 날들은 기수를 사용한다.

Quel jour sommes-nous aujourd'hui ? (오늘은 무슨 요일입니까?)
= **Quel jour est-ce aujourd'hui ?**
Nous sommes lundi. (월요일입니다.)

Le combien sommes-nous aujourd'hui ? (오늘이 며칠입니까?)
= **On est le combien ?**
Nous sommes le quatre mai. (5월 4일입니다.)
On est le premier janvier. (1월 1일입니다.)

▶ 요일 (les jours de la semaine)
lundi (월요일), **mardi** (화요일), **mercredi** (수요일), **jeudi** (목요일), **vendredi** (금요일), **samedi** (토요일), **dimanche** (일요일)

▶ 달 (les mois)
janvier (1월), **février** (2월), **mars** (3월), **avril** (4월), **mai** (5월), **juin** (6월), **juillet** (7월), **août** (8월), **septembre** (9월), **octobre** (10월), **novembre** (11월), **décembre** (12월)

3 시간 말하기

Quelle heure est-il ? (몇 시입니까?)
Il est une heure. (1시입니다.)
Il est deux heures cinq. (2시 5분입니다.)

Il est trois heures quinze. (3시 15분입니다.)
= **Il est trois heures et quart.**

GRAMMAIRE

Il est quatre heures trente. (4시 30분입니다.)
= Il est quatre heures et demie. (4시 반입니다.)

Il est cinq heures quarante-cinq. (5시 45분입니다.)
= Il est six heures moins quinze. (6시 15분 전입니다.)
= Il est six heures moins le quart.

Il est sept heures du matin. (오전 7시입니다.)
Il est treize heures. (13시입니다.)
= Il est une heure de l'après-midi. (오후 1시입니다.)
Il est vingt et une heures. (21시입니다.)
= Il est neuf heures du soir. (저녁 9시입니다.)

Il est midi. (정오입니다.)
Il est midi et demi. (12시 반입니다.)
Il est minuit. (자정입니다.)

△ 시간을 나타낼 때 필요한 전치사

  à : ~시에 **J'ai rendez-vous à quatorze heures.** (난 14시에 약속이 있어.)
  vers : ~시 경에 **Ils arrivent vers neuf heures.** (그들은 9시 경에 도착한다.)
  jusqu'à : ~시 까지 **Elle reste ici jusqu'à vingt heures.**
                    (그녀는 20시까지 여기에 있을 것이다.)

#

1 숫자로 옮기세요.

1) cent cinquante _____   2) mille deux cents _____
3) trente-quatre _____   4) quarante-neuf _____
5) soixante-dix-huit _____   6) six cent cinq _____
7) cinq cents _____   8) deux mille huit _____
9) un million soixante _____   10) seize _____

2 다음 전화번호를 불어로 써 보세요.

1) 01 42 68 29 53
   zéro un _____
2) 06 97 81 35 76
   _____
3) 03 71 55 80 99
   _____

3 다음 질문에 답하세요.

1) Nous sommes le combien ?
   - Nous sommes _____ (4월 2일이야.)
2) Quel jour sommes-nous ?
   - Nous sommes _____ (금요일이야.)
3) Le cours commence _____ ? (수업은 9월 1일에 시작하나요?)
   - Non, le cours commence _____ (아니요, 수업은 9월 3일에 시작합니다.)

4 시간을 불어로 옮겨보세요.

1) Quelle heure est-il ? (몇 시입니까?)
   _____ (5시 40분입니다.)
2) 14시 30분입니다. _____
3) 정오입니다. _____
4) 8시 15분입니다. _____
5) 21시 55분입니다. _____

Leçon 12
Quel temps fait-il ?

Dialogue

Track 42

1 Au printemps, il pleut souvent.
   En hiver, il neige beaucoup.

2 En Corée, en été il fait très chaud.
   En France, au printemps, il fait beau.

3 A : Tu aimes l'été ?
   B : Oui, il y a du soleil, en plus il y a des vacances.
   A : Moi je préfère l'hiver.
   B : Ah bon ? Pourquoi ?
   A : Parce que j'aime la neige et le ski.

Voca
▫ **pleut pleuvoir**(비오다) 동사의 3인칭 단수형태 ▫ **neige neiger**(눈오다) 동사의 3인칭 단수형태 ▫ **chauffage** m.난방
▫ **marchand** m.상인 ▫ **attention** f.주의,조심;관심

1 봄에는 비가 자주 옵니다.
   겨울에는 눈이 많이 내립니다.

2 한국은 여름에 매우 덥습니다.
   프랑스는 봄에 날씨가 화창합니다.

3 A : 넌 여름을 좋아하니?
   B : 응, 햇빛도 있고, 게다가 바캉스도 있잖아.
   A : 난 겨울을 더 좋아하는데.
   B : 아 그래? 왜?
   A : 왜냐하면 난 눈과 스키를 좋아하거든.

1 날씨 표현

Il fait 는 날씨에 쓰이는 비인칭 표현이며 다음과 같이 말할 수 있다.
- **Il fait +** 형용사
- **Il** 동사.
- **Il y a +** 명사

Quel temps fait-il aujourd'hui ? (오늘 날씨가 어때요?)

Il fait beau. (화창합니다.)
Il fait bon. (따뜻합니다.)
Il fait mauvais. (날씨가 좋지 않습니다.)
Il fait gris. (흐립니다.)
Il fait chaud. (덥군요.)
Il fait frais. (선선합니다.)
Il fait froid. (춥습니다.)
Il fait quinze degrés. (15° 입니다.)

Il pleut. (비가 옵니다.)
Il neige. (눈이 옵니다.)

Il y a du soleil. (날씨가 맑습니다.)
Il y a du vent. (바람이 붑니다.)

▶ 4계절 (les 4 saisons)
le printemps (봄), **l'été** (여름), **l'automne** (가을), **l'hiver** (겨울)

△ 계절 앞에 'au'나 'en'을 붙이면 '~(계절)에는'이란 뜻이 된다.
au printemps (봄에는), **en été** (여름에는)
en automne (가을에는), **en hiver** (겨울에는)

△ 달 앞에는 'en'이나 'au mois de'가 붙어서 '~월에는'이란 의미가 된다.
en janvier / au mois de janvier (1월에는)
en avril / au mois d'avril (4월에)

1 의미에 맞게 빈칸을 채우세요.

1) _____ janvier il fait _____ et il _____ parfois.
   (1월에는 춥고, 가끔 눈이 옵니다.)

2) _____ France, il fait _____ au printemps.
   (프랑스는 봄에는 날씨가 화창합니다.)

3) _____ Corée, il _____ souvent _____ juillet.
   (한국에서는 7월에 비가 자주 옵니다.)

4) _____ beaucoup.
   (눈이 많이 와요.)

5) _____ , il fait très _____.
   (여름에는 날씨가 매우 덥습니다.)

2 다음 우리말을 프랑스어로 바꾸세요.

1) 오늘은 비가 안 옵니다.
   Aujourd'hui, _____

2) 겨울에는 흐리고 바람이 불어요.
   En hiver, _____

3) 한국에서는 가을에 하늘이 파랗고, 선선합니다.
   En Corée, _____

4) 오늘 아침, 서울 기온은 13도입니다.
   Ce matin, _____

프랑스에 관한 자료들
Documents sur la France

프랑스의 휴가 Vacances

프랑스에서 쉽게 들을 수 있는 말 가운데 하나는 '바캉스'란 단어이다. 바캉스 vacances 는 단순히 일을 중지하는 휴가가 아니라 삶의 모든 예외를 인정하는 프랑스인들만의 뭔가 특별한 말이다. 그 어원 'vac'은 텅 빈 상태를 뜻하는데, 바캉스는 원래 텅 비어 있는, 얽매이지 않은 자유로움을 의미하는 것이다.

프랑스 사람들은 '진정한 삶이란 노동이 아닌 여가생활에 달려있다'고 생각하며, 노동을 '여가를 허락하는 수단'으로 여긴다. 물론 과거에는 산업혁명 이후 가중된 노동 때문에 대다수의 사람들이 여가를 즐긴다는 것은 상상도 할 수 없었으나, 오늘날 여가에 대한 새로운 인식을 갖게 된 노동자들은 임금인상과 노동시간의 단축 외에도 휴가를 내기 위한 파업과 시위를 하는 정도가 되었다. 프랑스 사람들에게 있어 여가란 일을 위한 재충전이라기보다, 일상적인 삶과의 단절의 시간이다. 그래서 그들은 휴가 기간에는 일과 관련된 모든 것에서 벗어나 휴식과 한가한 생활을 원한다. 따라서 스포츠나 탐험, 여행 등을 즐기는 사람들이 많은데, 근래에는 '랑도네(randonnée, 오래 걷기)'라는 스포츠가 유행하고 있다.

'멋진 바캉스를 보내기 위해 1년간 묵묵히 일한다'라는 말이 있을 정도로 프랑스 사람들에게 바캉스는 그 무엇 못지 않게 중요하다. 학생들은 바캉스를 잘 보내기 위해 미리부터 계획을 짜고 아르바이트를 하며, 휴가철이 끝나면 대부분의 사람들이 한동안 바캉스에 대해 대화를 나눈다고 한다.

많은 프랑스 사람들은 총 5주간의 바캉스 중 보통 3-4주는 여름에, 나머지는 봄방학이나 겨울방학 때 사용한다. 특히 '그랑드 바캉스 Grandes Vacances'라고 불리는 여름 휴가철에는 프랑스 대도시의 대부분의 사무실과 상가들이 문을 닫는다.

Leçon 13 Tu finis à 18 heures?

Dialogue

1. A : Vous finissez à quelle heure ?
   B : Je finis à 17 heures.

2. A : Tu réfléchis trop longtemps quand tu choisis le menu.
   B : J'hésite entre la salade verte et la salade niçoise.
   A : Moi, je préfère la salade niçoise. C'est délicieux.

3. A : Le temps passe très vite. Ils ont déjà 15 ans, tes enfants ?
   B : Oui, les enfants grandissent et les parents vieillissent. C'est normal.

▫ **finissez finir**(끝내다, 마치다) 2군동사의 2인칭 복수형태 ▫ **finis finir**(끝내다, 마치다) 2군동사의 2인칭 단수형태 ▫ **réfléchis réfléchir**(숙고하다, 곰곰히 생각하다) 2군동사의 2인칭 단수형태 ▫ **choisis choisir**(고르다, 선택하다) 2군동사의 2인칭 단수형태 ▫ **hésite hésiter**(망설이다, 주저하다) 1군동사의 1인칭 단수형태 ▫ **délicieux(se)** 맛있는 ▫ **grandissent grandir**(자라다, 성장하다) 2군동사의 3인칭 복수형태 ▫ **vieillissent vieillir**(늙다, 노쇠하다) 2군동사의 3인칭 복수형태 ▫ **normal(e)** 정상의, 당연한

1 A : 몇 시에 끝나세요?
   B : 저는 17시에 마칩니다.

2 A : 넌 메뉴를 고를 때면 너무 오래 생각한다.
   B : 녹색 샐러드랑 니스식 샐러드 중에 망설이고 있어.
   A : 난, 니스식 샐러드를 더 좋아해. 정말 맛있어.

3 A : 시간이 정말 빨리 간다. 네 아이들이 벌써 15살이니?
   B : 응, 아이들은 성장하고 부모님들은 노쇠해지지. 당연한 거야.

1 2군 규칙 동사의 현재형 (les verbes du 2ᵉ groupe)

동사 원형의 어미가 –ir로 끝나며 다음과 같이 어미가 규칙적으로 변화한다.

choisir (고르다, 선택하다)			
je	chois**is**	nous	chois**issons**
tu	chois**is**	vous	chois**issez**
il elle	chois**it**	ils elles	chois**issent**

finir (끝내다, 마치다)　**remplir** (가득 채우다; 기입하다)
réussir (성공하다, 좋은 결과를 얻다)　**réfléchir** (숙고하다, 곰곰히 생각하다)
atterrir (착륙하다)　**applaudir** (박수갈채 하다)　**fleurir** (꽃이 피다)

여성형 형용사에서 파생된 것도 있다.

grande ➡ grandir (자라다, 성장하다)　**vieille ➡ vieillir** (늙다, 노쇠하다)

grosse ➡ grossir (살찌다, 뚱뚱해지다)　**maigre ➡ maigrir** (야위다, 수척해지다)

 **XERCICES**

1 **grandir** 동사를 주어에 맞게 변화시키세요.

je _____ tu _____ il _____ elle _____

nous _____ vous _____ ils _____ elles _____

2 주어진 동사를 활용하여 다음 문장을 완성하세요.

1) Nous _____ tard aujourd'hui. (finir)
   (오늘 우리는 늦게 끝나.)

2) Vous _____ à ma proposition. (réfléchir)
   (제 제안을 잘 생각해 보세요.)

3) Elles _____ quand le chanteur arrive. (applaudir)
   (그 가수가 도착할 때 그녀들은 박수갈채를 보낸다.)

4) Qu'est-ce que tu _____ ? (choisir)
   (넌 무엇을 고를 거니?)

Leçon 14-1 Où allez-vous ?

Situation 1

(deux joggeurs dans un parc public.)

Renaud : Bonjour, il fait beau aujourd'hui.
　　　　　Vous faites souvent du jogging ?

Élodie : Oui, je fais du jogging tous les matins. Et vous ?

Renaud : Moi, je ne fais pas souvent de jogging. Mais je fais beaucoup de
　　　　　sport ! Je fais du tennis, du basket... Vous ne faites pas de tennis ?

Élodie : Si, je fais du tennis, du squash, j'adore ça ! Et où est-ce que vous faites
　　　　　du tennis ?

Renaud : Il y a un club près du parc. Tiens, vous prenez le bus ?

Élodie : Oui, je prends le 81.
　　　　　Allez, au revoir ! Bon week-end !

▫ **joggeur** 조깅하는 사람　▫ **parc public** m. 공원　▫ **tennis** m. 테니스　▫ **basket** m. 농구　▫ **squash** m. 스쿼시

(공원안에서 2명의 조깅하는 사람들)
르노 :   안녕하세요, 오늘 날씨가 화창하네요.
        조깅 자주 하세요?

엘로디 : 네, 전 매일 아침마다 조깅을 해요. 당신은요?

르노 :   전 조깅을 자주 하진 않아요. 하지만 운동은 많이 한답니다. 테니스도 치고, 농
        구도 하고, 당신은 테니스는 치지 않나요?

엘로디 : 아니요, 저도 테니스, 스쿼시를 해요. 정말 좋아한답니다. 당신은 어디에서 테
        니스를 치나요?

르노 :   이 공원 근처에 클럽이 있어요. 아, 저 버스를 타시나요?

엘로디 : 네, 전 81번 버스를 타요.
        자, 안녕히 계세요! 좋은 주말 보내세요!

Leçon 14-2 Je ne peux pas

Situation 2

 Track 47

Chloé : Qu'est-ce que tu fais maintenant ?

Jérémie : J'écris à mes amis français.

Chloé : Et après ?

Jérémie : Ben..Je ne sais pas. Pourquoi ?

Chloé : Tu veux venir au concert avec moi ?

Jérémie : Désolé, je ne peux pas parce que j'ai mal à la tête. Alors je veux dormir.

Chloé : D'accord. Et demain, qu'est-ce que tu fais ?

Jérémie : Ma grand-mère vient chez moi demain soir. Donc je dois préparer le dîner.

Chloé : Ah bon ? Tu fais la cuisine, toi ?

Jérémie : Oui, c'est la première fois.

Chloé : Bon courage, alors !

Jérémie : Merci. On se voit bientôt !

▫ **après** 후에 ▫ **demain** 내일 ▫ **grand-mère** 할머니 ▫ **donc** 그러므로, 그래서 ▫ **préparer** 준비하다
▫ **cuisine** f. 요리, 음식 ▫ **fois** f. 번, 회

끌로에 : 너 지금 무엇을 하고 있니?
제레미 : 프랑스친구들에게 편지를 쓰고 있어.
끌로에 : 그 후에는?
제레미 : 글쎄..모르겠는데. 왜?
끌로에 : 나랑 같이 콘서트에 갈래?
제레미 : 미안해, 머리가 아파서 그럴 수가 없어. 그래서 난 자고 싶어.
끌로에 : 그럼 내일은 너 뭐하니?
제레미 : 내일 저녁에는 할머니께서 나의 집에 오셔. 그래서 난 저녁을 준비해야 해.
끌로에 : 아 그래? 네가 요리를 한다구?
제레미 : 응, 처음이야.
끌로에 : 그럼 힘내(파이팅이야)!
제레미 : 고마워. 우리 곧 만나자!

1 불규칙하게 변하는 3군 동사 (les verbes du 3e groupe)

partir 출발하다, 떠나다

PART-IR			
Je	par**s**	Nous	par**ons**
Tu	par**s**	Vous	par**ez**
Il/Elle	par**t**	Ils/Elles	par**ent**

sortir 나가다, 나오다, 외출하다

SORT-IR			
Je	sor**s**	Nous	sor**tons**
Tu	sor**s**	Vous	sor**tez**
Il/Elle	sor**t**	Ils/Elles	sor**tent**

dormir 자다

DORM-IR			
Je	dor**s**	Nous	dor**mons**
Tu	dor**s**	Vous	dor**mez**
Il/Elle	dor**t**	Ils/Elles	dor**ment**

servir (음식 따위를) 내놓다, 대접하다

SERV-IR			
Je	ser**s**	Nous	ser**vons**
Tu	ser**s**	Vous	ser**vez**
Il/Elle	ser**t**	Ils/Elles	ser**vent**

Je pars en avion. (난 비행기로 떠난다.)
Elle part à 16 heures. (그녀는 16시에 떠난다.)
Vous sortez souvent le soir ? (저녁에 자주 외출하세요?)
Ils sortent de la voiture. (그들이 차에서 나온다.)
Tu dors dans le lit ? (넌 침대에서 자니?)
Il dort 6 heures. (그는 6시간 잔다.)
Je sers le dessert. (제가 후식을 내올게요.)

voir 보다

VOI-R			
Je	vois	Nous	vo**y**ons
Tu	vois	Vous	vo**y**ez
Il/Elle	voit	Ils/Elles	voient

croire 믿다, 확신하다, ~라고 생각하다

CROI-RE			
Je	crois	Nous	cro**y**ons
Tu	crois	Vous	cro**y**ez
Il/Elle	croit	Ils/Elles	croient

Vous voyez un taxi ? (택시 보이세요?)
On se voit quand ? (우리 언제 만날까?)
Ils croient au Père Noël. (그들은 산타클로스를 믿는다.)

attendre 기다리다

ATTEND-RE

J'	attends	Nous	attendons
Tu	attends	Vous	attendez
Il/Elle	attend	Ils/Elles	attendent

descendre 내려가다

DESCEND-RE

Je	descends	Nous	descendons
Tu	descends	Vous	descendez
Il/Elle	descend	Ils/Elles	descendent

J'attends un bus. (난 버스를 기다리고 있어.)
Vous attendez votre fils ? (당신은 당신의 아들을 기다리고 있나요?)
Il descend au premier étage. (그는 1층으로 내려간다.)
Elles descendent à la cave. (그 여자들은 지하실로 내려간다.)

écrire 쓰다

ÉCRI-RE

J'	écris	Nous	écrivons
Tu	écris	Vous	écrivez
Il/Elle	écrit	Ils/Elles	écrivent

lire 읽다

LI-RE

Je	lis	Nous	lisons
Tu	lis	Vous	lisez
Il/Elle	lit	Ils/Elles	lisent

J'écris souvent à mes parents. (난 자주 부모님께 편지한다.)
Il écrit avec un stylo. (그는 만년필로 쓰고 있다.)
Je lis un roman. (나는 소설책을 읽고 있다.)
Vous lisez le journal ? (신문을 읽고 계세요?)

faire 하다, 만들다

FAI-RE

Je	fais	Nous	faisons
Tu	fais	Vous	faites
Il/Elle	fait	Ils/Elles	font

dire 말하다

DI-RE

Je	dis	Nous	disons
Tu	dis	Vous	dites
Il/Elle	dit	Ils/Elles	disent

Je fais la vaisselle. (나 설거지하고 있어.)
Vous faites du jogging tous les matins ? (매일 아침마다 조깅하세요?)
Tu dis 'bonjour' à tes élèves ? (넌 너의 학생들에게 '봉쥬르'하고 인사하니?)

GRAMMAIRE

vouloir 원하다, 바라다

VOUL-OIR	
Je veux	Nous voulons
Tu veux	Vous voulez
Il/Elle veut	
Ils/Elles veulent	

pouvoir ~할 수 있다

POUV-OIR	
Je peux	Nous pouvons
Tu peux	Vous pouvez
Il/Elle peut	
Ils/Elles peuvent	

Vous voulez sortir ? (외출하고 싶으세요?)
Elle veut manger un sandwich. (그녀는 샌드위치를 먹길 원한다.)
Je peux entrer ? (들어가도 될까요?)
Nous pouvons faire cet exercice. (우리는 이 연습문제를 풀 수 있다.)

prendre 잡다, 먹다, 타다

PREND-RE	
Je prends	Nous prenons
Tu prends	Vous prenez
Il/Elle prend	
Ils/Elles prennent	

venir 오다

VEN-IR	
Je viens	Nous venons
Tu viens	Vous venez
Il/Elle vient	
Ils/Elles viennent	

Elle prend le métro pour aller à l'école. (그녀는 학교에 가기 위해 전철을 탄다.)
Vous prenez une douche ? (샤워 하세요?)
Je viens de l'école. (학교에서 오는 길이에요.)
Elles viennent en bus. (그녀들은 버스로 온다.)

aller 가다

ALLER	
Je vais	Nous allons
Tu vas	Vous allez
Il/Elle va	Ils/Elles vont

devoir ~해야만 한다

DEV-OIR	
Je dois	Nous devons
Tu dois	Vous devez
Il/Elle doit	
Ils/Elles doivent	

Tu vas où ? (너 어디 가니?)
Je vais au restaurant italien avec Alice. (난 알리쓰랑 이탈리안 식당에 가.)
Je dois travailler demain. (난 내일 일해야 해.)
Vous devez étudier le français. (당신은 불어를 공부해야만 합니다.)

connaître 알다				savoir 알다			
CONNAÎ-TRE				**SAV-OIR**			
Je	connais	Nous	connai**ss**ons	Je	sais	Nous	savons
Tu	connais	Vous	connai**ss**ez	Tu	sais	Vous	savez
Il/Elle	connaît	Ils/Elles	connai**ss**ent	Il/Elle	sait	Ils/Elles	savent

△ connaître는 주로 뒤에 명사를 쓰며, savoir는 주로 동사나 문장(절)을 쓸 수가 있다

Je connais ton adresse e-mail. (난 네 이메일 주소를 알고 있어.)
Vous connaissez Nicolas ? (당신은 니꼴라를 아세요?)
Tu sais nager ? (너 수영할 줄 알아?)
Vous savez conjuguer les verbes ? (당신은 동사를 변화시킬 줄 아세요?)

EXERCICES

1 다음 동사의 현재 변화형을 써보세요.

1) partir

je _____   nous _____
tu _____   vous _____
il/elle _____   ils/elles _____

2) attendre

j' _____   nous _____
tu _____   vous _____
il/elle _____   ils/elles _____

3) faire

je _____   nous _____
tu _____   vous _____
il/elle _____   ils/elles _____

4) pouvoir

je _____   nous _____
tu _____   vous _____
il/elle _____   ils/elles _____

5) prendre

je _____   nous _____
tu _____   vous _____
il/elle _____   ils/elles _____

6) aller

je _____   nous _____
tu _____   vous _____
il/elle _____   ils/elles _____

7) venir

  je _____   nous _____
  tu _____   vous _____
  il/elle _____   ils/elles _____

2 주어진 동사를 활용하여 다음 문장을 완성하세요.

1) Quand _____-vous ? (partir)

2) J' _____ un taxi. (attendre)

3) Tu _____ d'où ? (venir)

4) Elles _____ une douche. (prendre)

5) Il _____ à l'école le samedi. (aller)

6) Vous _____ jusqu'à midi. (dormir)

3 다음 질문에 답하세요.

1) Tu viens de Corée ?

   - Oui, _____

2) Vous sortez souvent le week-end ?

   - Non, _____

3) Elle écrit à ses parents ?

   - Oui, _____

4) Ils lisent les romans de Sartre ?

   - Non, _____

5) Vous faites les courses avec votre mari ?

   - Oui, _____

6) Tu connais mon adresse e-mail ?

   - Non, _____

7) Vous comprenez, les enfants ?

   - Oui, _____

8) Elles doivent travailler le dimanche ?

   - Oui, _____

Leçon 15
Qui regardez-vous?
Que regardez-vous?

GRAMMAIRE

1 의문 대명사

'누구', '무엇'을 나타내는 대명사를 의문대명사라 한다.

1) qui 누구/누가/누구를...

Qui regardez-vous ? (당신은 누구를 보고 있나요?)
Qui arrive cet après-midi ? (오늘 오후에 누가 오나요?)
À qui prêtes-tu ? (넌 누구에게 빌려줄거니?)
Avec qui va-t-il au cinéma ? (그는 누구와 영화관에 가니?)

2) que, quoi 무엇/무엇이/무엇을

Que regardez-vous ? (당신은 무엇을 보고 있나요?)
Qu'est-ce qu'elle fait ? (그녀는 무엇을 하고 있나요?)
De quoi parles-tu ? (넌 무엇에 관해 이야기하고 있니?)

2 의문 형용사

'어떤', '무엇'이란 의미이며 명사를 수식한다. 그리고 수식하는 명사의 성과 수에 따라 다음과 같이 4가지 형태가 있다.

	남성	여성
단수	quel	quelle
복수	quels	quelles

Quel jour est-ce aujourd'hui ? (오늘이 무슨 요일인가요?)

Quel âge a-t-elle ? (그녀는 몇 살인가요?)
Quel temps fait-il à Paris ? (Paris 날씨는 어때요?)
Quel est votre numéro de téléphone ? (당신의 전화번호는 무엇인가요?)

Quelle heure est-il ? (몇 시인가요?)
À quelle heure sortez-vous ? (당신은 몇 시에 외출하실 거예요?)
Quelle est ton adresse e-mail ? (너의 이메일 주소는 무엇이니?)

3 의문부사

장소,시간,이유,수량,수단 등을 묻는 의문사이다.

où 어디	quand 언제	comment 어떻게
pourquoi 왜	combien 얼마나	

Où allez-vous ? (어디 가세요?)
- **Je vais en Italie.** (이탈리아에 갑니다.)
Quand partez-vous ? (언제 떠나세요?)
- **Je pars en octobre.** (10월에 떠납니다.)
Comment allez-vous en Italie ? (이탈리아에 어떻게 가세요?)
- **Je vais en avion.** (비행기로 갑니다.)
Pouquoi partez-vous en Italie ? (왜 이탈리아로 떠나시나요?)
- **Pour voyager.** (여행하기 위해서요.) 혹은
  Parce que j'aime l'Italie. (왜냐하면 전 이탈리아를 좋아하거든요.)
Combien coûte le billet d'avion ? (비행기표는 얼마인가요?)
- **Il coûte 450 euros.** (450유로입니다.)

Leçon 16 Tu as passé une bonne journée ?

Dialogue

 Track 49

Claire : Allô, Guillaume, c'est moi ! Je te dérange ?

Guillaume : Non, pas du tout. Ça va ?

Claire : Oui, très bien. Et toi, tu as passé une bonne journée ?

Guillaume : Oui, j'ai rencontré Anaïs, on a fait les courses et on a mangé ensemble chez moi. J'ai fait un gâteau comme dessert. J'ai trouvé la recette dans un livre. Et toi, tu as passé une bonne journée ?

Claire : Oui, j'ai étudié à la bibliothèque et puis j'ai déjeuné avec Gilles dans un petit restaurant chinois. Tiens, j'ai invité Véronique et Gilles à dîner pour faire une petite fête. Ils ont accepté. Est-ce que tu peux venir ?

Guillaume : Ce soir ? Oui, avec plaisir !

□ **déranger** (1군 동사) 방해하다   □ **recette** f. 조리법   □ **bibliothèque** f. 도서관   □ **fête** f. 축연, 축제일, 기념일
□ **avec plaisir** 기꺼이, 흔쾌히

끌레르 : 여보세요, 기욤, 나야! 방해되니?

기욤 : 아니, 전혀. 잘 지내니?

끌레르 : 응, 매우 잘 지내. 넌, 좋은 하루 보냈어?

기욤 : 응, 난 아나이쓰를 만났어, 우린 장을 보고 함께 나의 집에서 식사를 했단다. 내가 디저트로 케이크 하나를 만들었지. 책에서 레시피를 찾아냈거든. 넌, 너도 좋은 하루 보냈어?

끌레르 : 응, 난 도서관에서 공부했어 그리고 나서 작은 중국 식당에서 질과 함께 점심을 먹었지. 아, 내가 작은 파티를 하려고 베로니끄와 질을 저녁식사에 초대했는데 그들은 수락했거든. 너도 올 수 있어?

기욤 : 오늘 저녁? 그럼, 기꺼이!

RAMMAIRE

1 근접과거 (passé récent)

venir의 직설법 현재 de + 동사원형

1. 방금 전에 일어난 행위를 나타내며, '(방금)~했다'로 해석한다.

sortir (나가다, 외출하다)	
je viens de sortir	nous venons de sortir
tu viens de sortir	vous venez de sortir
il vient de sortir elle	ils viennent de sortir elles

2. 대명동사의 se는 주어에 따라 변화시켜야 한다.

se lever (일어나다)	
je viens de me lever	nous venons de nous lever
tu viens de te lever	vous venez de vous lever
il vient de se lever elle	ils viennent de se lever elles

2 복합과거 I (passé composé)

avoir의 현재형 + 과거분사(participe passé)

1. 과거에 완료된 행위나 사건을 이야기할 때 사용하는 시제이다.
타동사와 대부분의 자동사가 이에 해당한다.

manger (먹다)	
j'ai mangé	nous avons mangé
tu as mangé	vous avez mangé
il a mangé elle	ils ont mangé elles

△ 부정형은 조동사 avoir 앞,뒤에 ne~pas 를 놓는다.

manger (먹다)	
je n'ai pas mangé	nous n'avons pas mangé
tu n'as pas mangé	vous n'avez pas mangé
il n'a pas mangé elle n'a pas mangé	ils n'ont pas mangé elles n'ont pas mangé

3 과거분사 만드는 규칙

① -er로 끝나는 1군 동사의 과거분사는 동사원형의 마지막 –r를 빼고 e에 악쌍떼귀를 붙인다.

  manger → mangé
  ex.) J'ai travaillé jusqu'à 22 heures hier. (난 어제 22시까지 일했다.)
  elles ont écouté du jazz. (그녀들은 재즈를 들었다.)

② -ir로 끝나는 2군 동사의 과거분사는 동사원형의 마지막 –r만 빼면 된다.

  finir → fini
  ex.) Tu as grossi. (넌 살쪘구나.)
  Vous avez réussi. (당신은 성공했군요.)

③ 3군 동사의 과거분사는 다음과 같다.

  avoir → eu [y]   être → été
  dormir → dormi   servir → servi

Leçon 16 · 123

GRAMMAIRE

voir ➡ vu   croire ➡ cru
attendre ➡ attendu   entendre ➡ entendu
lire ➡ lu   vouloir ➡ voulu   pouvoir ➡ pu   boire ➡ bu
savoir ➡ su   connaître ➡ connu   devoir ➡ dû
mettre ➡ mis   prendre ➡ pris
écrire ➡ écrit   faire ➡ fait   dire ➡ dit
pleuvoir ➡ plu   neiger ➡ neigé

ex.) **J'ai dormi 9 heures.** (나는 9시간 잤다.)
Tu as vu l'heure ? (너 시계는 봤니?)
Il a attendu devant le café. (그는 그 카페 앞에서 기다렸다.)
Elle a lu le magazine. (그녀는 그 잡지를 읽었다.)
Nous avons voulu rentrer à la maison. (우리는 집에 돌아가길 바랬다.)
Vous avez bu de l'alcool dans ce bar. (너희들은 이 바에서 술을 마셨다.)
Ils ont dû étudier le français. (그들은 불어를 공부해야만 했다.)
Elles ont pris le train de 16 heures 36. (그녀들은 16시 36분 기차를 탔다.)

 XERCICES

1 다음 문장을 근접과거로 만드세요.

1) Vous partez en train ? ➡ _____

2) Ils arrivent sur l'autoroute. ➡ _____

3) Tu sors. ➡ _____

4) Je téléphone à mes grands-parents. ➡ _____

5) Elle prend du thé. ➡ _____

2 다음의 주어진 동사를 조동사 **avoir**와 함께 복합과거로 만드세요.

1) Nous _____ de partir en Grèce. (décider)

2) Ils _____ au football. (jouer)

3) J'_____ à travailler. (commencer)

4) Tu _____ la télévision. (regarder)

5) Vous _____ l'italien. (étudier)

6) Tous mes pantalons sont trop courts ; j'_____ de 10 centimètres en 3 mois. (grandir)

7) Elle _____ son travail. (finir)

3 다음 문장을 조동사 **avoir**를 사용하여 복합과거로 만드세요.

1) J'habite en Espagne. ➡

2) Tu as une petite voiture rouge. ➡

3) Vous mangez au restaurant. ➡

4) Il rencontre sa copine. ➡

5) Elles boivent de la bière. ➡

6) Mes parents passent les vacances au sud de la France. ➡

7) Je prends de la salade. ➡

8) Tu mets la table. ➡

9) Elle ne comprend pas. ➡

10) Je gagne 3000 euros par mois. ➡

11) Nous faisons du sport. ➡

12) Vos chaussures sont dans la voiture. ➡

4 다음 질문에 답하세요.

1) Est-ce que tu as vu un bon film ?

   - Oui, j' _____ un film très amusant.

2) Elles ont eu un accident ?

   - Oui, elles _____ un accident de voiture.

3) Vous avez lu cet article ?

   - Non, je _____ cet article.

4) Est-ce qu'il a vendu sa voiture ?

   - Non, il _____ sa voiture.

5) Tu as attendu longtemps le bus ?

   - Oui, j' _____ le bus 40 minutes !

6) Elles ont fait du sport ?

   - Non, elles _____ de sport.

7) Est-ce que vous avez pris votre parapluie ?

   - Oui, j' _____ mon parapluie.

Voca

▫ **autoroute** f. 고속도로 ▫ **grands-parents** m.pl. 조부모님 ▫ **trop** 너무 ▫ **court(e)** 짧은 ▫ **copine** f. (여자)친구;애인 ▫ **sud** m. 남쪽
▫ **accident** f. 사고 ▫ **article** m. 기사 ▫ **longtemps** 오래,오랫동안 ▫ **parapluie** m. 우산

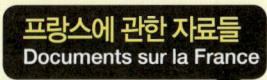
프랑스에 관한 자료들
Documents sur la France

프랑스 요리 cuisine française 1

바게뜨 baguette

크로상 croissant

푸아그라 foie gras

에스까르고 escargot

포토피 pot au feu

슈크르트 choucroute

퐁뒤 fondue

Leçon 17
Je suis allée à la mer. Et je me suis baignée.

Dialogue

 Track 52

Gilles : Alors, les vacances se sont bien passées ?

Véronique : Ah oui, je suis allée à la mer. J'ai pris le soleil et je me suis reposée sur la plage. Mais il a fait très chaud !

Gilles : Tu t'es baignée ?

Véronique : Bien sûr ! Je me suis baignée avec mes amies. Et après je me suis promenée dans la région.

Gilles : Et le soir, tu n'es pas allée danser ?

Véronique : Si, je suis allée en boîte. Nous nous sommes bien amusées.. Je me suis levée tard et je me suis couchée tard tous les jours !

Gilles : Et bien moi, ce matin, je suis arrivé au bureau à 8 heures. Je suis d'abord descendu à la cafétéria. J'ai pris un café et un croissant.

Véronique : Et ensuite ?

Gilles : Ensuite, je suis monté à mon bureau, au 5e étage, j'ai lu le journal. Et j'ai travaillé bien sûr.

▫**région** f.지방,지역 ▫**boîte** f.상자;유흥장,나이트클럽 ▫**cafétéria** f.카페테리아 ▫**d'abord** 우선,먼저 ▫**ensuite** 그리고 나서 ▫**bien sûr** 물론 ▫**banque** f.은행 ▫**montagne** f.산

질 : 자, 휴가는 잘 보냈어?

베로니끄 : 응, 나 바닷가에 갔었어. 햇볕도 좀 쏘이고 해변가에서 쉬었어. 그런데 날씨가 매우 더웠어!

질 : 해수욕은 했어?

베로니끄 : 물론이야! 난 친구들과 함께 해수욕을 했어. 그리고 나서 그 지역 안을 산책했어.

질 : 그럼 저녁에는 춤추러 가지 않았니?

베로니끄 : 갔었지. 나이트에 갔었어. 우린 재미있게 놀았어. 매일 늦게 일어나고 늦게 잠들었어.

질 : 음 난, 오늘 아침에 8시에 사무실에 도착했어. 우선 카페테리아에 내려가서 커피와 크라상을 먹었어.

베로니끄 : 그 다음엔?

질 : 그 다음엔 5층 내 사무실로 올라가서 신문을 읽었어. 그리고 물론 일했지.

RAMMAIRE

1 복합과거 II (passé composé)

> **être 현재형 + 과거분사(participe passé)**

1. 주로 장소의 이동을 나타내는 자동사, 소위 왕래발착 동사, 그리고 대명동사가 이에 해당한다. 이 경우는 과거분사의 형태가 주어의 성, 수에 따라 변화한다는 것이 주의해야할 점이다. 주어가 여성인 경우엔 과거분사에 -e를 덧붙이고, 주어가 남성복수일 땐 -s, 여성복수일 땐 -es를 덧붙인다.
장소의 이동을 의미하는 동사는 다음과 같다.

aller (allé) 가다 / **venir (venu)** 오다
partir (parti) 떠나다 / **arriver (arrivé)** 도착하다
sortir (sorti) 나가다, 외출하다 / **(r)entrer ((r)entré)** 들어오다
monter (monté) 올라가다 / **descendre (descendu)** 내려가다
naître (né) 태어나다 / **mourir (mort)** 죽다
passer (passé) 지나가다
rester (resté) 머물다
tomber (tombé) 넘어지다, 떨어지다
retourner (retourné) 돌아가다

aller (가다)	
je suis allé(e)	nous sommes allé(e)s
tu es allé(e)	vous êtes allé(e)(s)
il est allé elle est allée	ils sont allés elles sont allées

△ 부정형은 조동사 être 앞, 뒤에 ne~pas를 놓는다.

aller (가다)	
je ne suis pas allé(e)	nous ne sommes pas allé(e)s
tu n'es pas allé(e)	vous n'êtes pas allé(e)(s)
il n'est pas allé elle n'est pas allée	ils ne sont pas allés elles ne sont pas allées

ex.) **Je suis allé aux États-Unis il y a 3 ans.** (나는 3년 전에 미국에 갔었다.)
 Tu es partie en avion ? (넌 비행기로 떠났니?)
 Il est sorti avec sa fille. (그는 그의 딸과 함께 외출했다.)
 Elle est venue ? (그녀가 왔나요?)
 Nous sommes passés devant la banque. (우리는 은행 앞으로 지나갔다.)
 Vous êtes restée combien de temps à Rome ?
 (당신은 로마에서 얼마나 계셨나요?)
 Ils sont montés à la montagne. (그들은 산에 올라갔다.)
 Elles sont retournées au Japon hier soir.
 (그녀들은 어제 저녁에 일본으로 돌아갔다.)

△ il y a + 시간 : ~전에

 Ils ont déménagé il y a 3 semaines. (그들은 3주 전에 이사갔다.)
 Elle est allée à Paris il y a 5 ans. (그녀는 5년 전에 파리에 갔었다.)

2. 대명동사도 être를 조동사로 취하므로, 주어의 성, 수에 과거분사를 일치시킨다.

se promener (산책하다)	
je me suis promené(e)	nous nous sommes promené(e)s
tu t'es promené(e)	vous vous êtes promené(e)(s)
il s'est promené elle s'est promenée	ils se sont promenés elles se sont promenées

GRAMMAIRE

△ 부정형은 se와 조동사 앞, 뒤에 ne~pas를 놓는다.

se promener (산책하다)	
je ne me suis pas promené(e)	nous ne nous sommes pas promené(e)s
tu ne t'es pas promené(e)	vous ne vous êtes pas promené(e)(s)
il ne s'est pas promené elle ne s'est pas promenée	ils ne se sont pas promenés elles ne se sont pas promenées

ex.) **Je me suis levée tôt ce matin.** (오늘 아침에 난 일찍 일어났다.)
  Tu t'es lavé ? (넌 씻었니?)
  Il s'est rasé. (그는 면도했다.)
  Elle s'est promenée avec son chien. (그녀는 그녀의 개와 함께 산책했다.)
  Nous nous sommes dépêchés pour arriver à l'heure.
  (우리는 제 시간에 도착하기 위해 서둘렀다.)
  Vous vous êtes présentée ? (당신은 소개를 하셨나요?)
  Ils se sont reposés le week-end dernier. (그들은 지난 주말에 쉬었다.)
  Elles se sont couchées tard. (그녀들은 늦게 잠자리에 들었다.)

EXERCICES

1 다음 문장을 조동사 être를 사용하여 복합과거로 만드세요.

1) Vous _____ à quelle heure ? (arriver)

2) Mon grand-père _____ il y a deux semaines. (mourir)

3) Ma nièce _____ en 2007. (naître)

4) Vos enfants _____ à la piscine cet après-midi. (aller)

5) Gilles et Guillaume _____ de France. (venir)

2 다음 문장을 조동사 être를 사용하여 복합과거로 만드세요.

1) Je vais à la banque. ➡

2) Tu rentres tard. ➡

3) Elle monte en ascenseur. ➡

4) Ils restent une semaine à Paris. ➡

5) Elles sortent du bureau à 18 heures. ➡

3 다음 질문에 답하세요.

1) Vous vous êtes levée à quelle heure hier matin ?

　- Je _____ à 8 heures 10.

2) Tu t'es endormie tout de suite ?

　- Non, _____

3) Elles se sont couchées tard ?

　- Non, _____

4 다음 주어진 동사를 사용하여 복합과거 문장을 완성하세요.

se lever - manger – visiter – aller - boire - rentrer

Hier, je _____ à 8 heures. J'_____ un croissant. J'_____ le musée d'Orsay avec des amis. Nous _____ au restaurant italien. Nous _____ du vin blanc. Je _____ chez moi vers 19 heures.

Voca

▫ **ascenseur** m. 엘리베이터　▫ **cave** m. 지하실, 지하 저장고　▫ **tout de suite** 즉시, 당장

Leçon 17· **133**

Leçon 18-1
Qu'est-ce que vous allez faire cet après-midi ?

Situation 1

Émilie : Qu'est-ce que vous allez faire cet après-midi ?

Rémi : Je vais faire du bowling. Après je vais me promener dans un parc près de chez moi. Mais les enfants vont regarder le match de football à la télé. Et vous, vous allez rester chez vous ?

Émilie : Non, je vais aller chez mes parents. Nous allons aller au restaurant, nous allons dîner ensemble. Et puis nous allons visiter des musées.

▫ **bowling** m. 볼링 ▫ **match** m. 경기, 시합 ▫ **ensemble** 함께, 같이 ▫ **puis** 그리고 나서

에밀리 : 오늘 오후에 뭐할 거예요?

레미 : 볼링을 칠 겁니다. 그 후엔 집 근처에 있는 공원안에서 산책을 할 겁니다. 하지만 아이들은 텔레비전으로 축구경기를 볼 거예요. 당신은요, 당신은 집에 계실 건가요?

에밀리 : 아니요, 전 부모님 댁에 갈 거예요. 우리는 식당에 가서 함께 저녁식사를 할 겁니다. 그리고 나서 우리는 미술관들을 방문하려고요.

Leçon 18-2 J'irai à Londres

Situation 2

Elsa : Qu'est-ce que tu feras, l'été prochain ?

Hugo : Je partirai en Angleterre pour apprendre l'anglais. J'irai à Londres.

Elsa : Ah bon ? Où est-ce que tu habiteras ? Tu as des amis là-bas ?

Hugo : Oui, j'ai des amis à Londres. Mais je ne resterai pas chez eux. Je chercherai un appartement.

Elsa : Tu ne travailleras pas ?

Hugo : Si, je trouverai un petit boulot. Mais d'abord je prendrai des cours dans une école. Tu verras, je parlerai bien anglais.

Elsa : Tu te promèneras et tu feras du jogging à St. James Park ?

Hugo : Bien sûr ! Je lirai et j'écrirai un poème peut-être.

□ **ah bon** 그래?, 그렇구나   □ **petit boulot** m. 아르바이트   □ **poème** m. 시   □ **peut-être** 아마도

엘자 : 넌 내년 여름에 뭐할 거야?

위고 : 난 영어를 배우기 위해 영국으로 떠날 거야. 런던으로 갈 거야.

엘자 : 아 그래? 어디에서 살 건데? 거기에 친구들이 있니?

위고 : 응, 거기에 친구들이 있어. 하지만 난 그들 집에 머물지 않을 거야. 아파트를 구할 거야.

엘자 : 일은 안 할 거야?

위고 : 응, 해야지. 아르바이트를 구해볼 거야. 하지만 먼저 학교에서 영어 수업을 들을 거야. 두고봐, 난 영어를 잘하게 될 걸.

엘자 : 너 세인트 제임스 공원에서 산책도 하고 조깅도 할 거니?

위고 : 물론이야! 난 책도 읽고 시도 쓸거야, 아마도.

1 근접미래 (futur proche)

| aller의 직설법 현재 + 동사원형 ||

1. 금방 일어날 가까운 미래를 나타내며, 회화체에서 주로 사용한다. '곧~할 것이다' 로 해석한다.

partir (출발하다)	
je vais partir	nous allons partir
tu vas partir	vous allez partir
il va partir elle	ils vont partir elles

2. 대명동사의 se는 주어에 따라 변화시켜야 한다.

se laver (씻다)	
je vais me laver	nous allons nous laver
tu vas te laver	vous allez vous laver
il va se laver elle	ils vont se laver elles

2 단순미래 (futur simple)

| 동사원형 + 미래형어미 –ai, -as, -a, -ons, -ez, -ont ||

1. 미래의 행위나 계획을 나타낸다.
2. 미래형의 어미는 주어의 인칭과 수에 따라 변화한다.

△ 1군 동사는 동사원형의 er에서 r은 뒤의 미래형어미와 결합되어 발음되고, e는 발음되지 않는다.

△ 1군 동사는 동사원형의 er에서 r은 뒤의 미래형어미와 결합되어 발음되고, e는 발음되지 않는다.

habiter (살다, 거주하다)	
j'habiterai	nous habiterons
tu habiteras	vous habiterez
il habitera elle	ils habiteront elles

△ 2군 동사는 예외없이 모두 다 발음된다.

finir (끝마치다)	
je finirai	nous finirons
tu finiras	vous finirez
il finira elle	ils finiront elles

△ 〈 –re 〉로 끝나는 3군 불규칙 동사의 대부분은 마지막 –e를 탈락시킨 후 미래형 어미를 덧붙인다.

**mettre : je mettrai   attendre : j'attendrai   boire : je boirai   écrire : j'écrirai
lire : je lirai**

△ 그 밖의 불규칙 미래어간을 취하는 동사들

**voir : je verrai   savoir : je saurai   devoir : je devrai
envoyer : j'enverrai vouloir : je voudrai   faire : je ferai
venir : je viendrai   pouvoir : je pourrai   être : je serai
aller : j'irai   avoir : j'aurai   il pleut : il pleuvra**

ex.) Maintenant(지금)
Je travaille à Séoul.
(나는 서울에서 일한다.)

Dans 6 mois(6개월 후에)
Je travaillerai à Paris.
(나는 파리에서 일할 것이다.)

Je sors du bureau à 20 heures.
(나는 20시에 퇴근한다.)

Je sortirai du bureau à 18 heures.
(나는 18시에 퇴근할 것이다.)

Il fait très froid.
(날씨가 매우 춥다.)

Il fera très chaud.
(날씨가 매우 더울 것이다.)

△ dans + 시간 : ~후에

J'irai en France dans 2 ans. (나는 2년 후에 프랑스에 갈 것이다.)
Elle partira dans 3 heures. (그녀는 세 시간 뒤에 떠날 것이다.)

EXERCICES

1 다음 문장을 근접미래로 바꾸세요.

1) Tu <u>arrives</u> à midi ? ➡
2) Julie <u>part</u> lundi prochain. ➡
3) Cette année, nous <u>apprenons</u> à conjuguer les verbes. ➡
4) Elles <u>envoient</u> des colis. ➡
5) J'<u>achète</u> une baguette. ➡
6) Il <u>pleut</u>. ➡
7) Fabien <u>va</u> en Allemagne avec sa femme. ➡
8) Vous <u>faites</u> les courses ? ➡

2 괄호 안의 동사를 단순미래형으로 변화시키세요.

1) Tu _____ (prendre) 2) Nous _____ (aller)
3) J' _____ (attendre) 4) Elle _____ (pouvoir)
5) Vous _____ (avoir)   6) Ils _____ (voir)
7) Elles _____ (travailler) 8) Tu _____ (être)
9) Il _____ (devoir)   10) Je _____ (venir)

3 괄호안의 동사를 이용해 단순미래형 문장으로 완성하세요.

1) J' _____ en France. (habiter)
2) Ils _____ un manteau. (acheter)
3) Vous _____ ici ? (rester)
4) Il _____ . (neiger)
5) Je _____ du bureau à 18 heures. (sortir)
6) Elles _____ en vacances cet été. (partir)
7) Vous _____ ce roman ? (lire)
8) Qu'est-ce qu'elles _____ ? (écrire)
9) Nous _____ la fête de la musique. (attendre)
10) Tu _____ ce médicament pendant quinze jours ? (prendre)
11) Tu _____ la cuisine ? (faire)
12) Il _____ chaud au Mexique. (faire)

Leçon 19
Il est plus grand que moi.

ialogue

Chloé : Bienvenue dans mon nouvel appartement à Paris !

Patrice : C'est chic. Il est plus grand que ton ancien appartement ?

Chloé : Oui, il y a plus de place. Je peux mettre plus de livres dans ma bibliothèque.

Patrice : On voit la tour Eiffel ! Mais le loyer n'est pas trop cher ?

Chloé : Si, le loyer est beaucoup plus cher mais j'aime bien mon appartement. Il est plus confortable et moins bruyant. En plus je gagne plus qu'avant.

▫**bienvenue** f. 환영, 환대 ▫**loyer** m. 집세 ▫**bruyant(e)** 시끄러운 ▫**en plus** 게다가

끌로에 : 파리에 있는 내 아파트에 온 걸 환영해!

빠트리쓰 : 멋지다. 이것은 네 예전의 아파트보다 더 크니?

끌로에 : 응, 더 많은 공간이 있어. 나는 내 서재 안에 더 많은 책들을 놓을 수가 있지.

빠트리쓰 : 에펠탑도 보인다! 그런데 집세가 너무 비싸지 않니?

끌로에 : 맞아, 집세는 훨씬 더 비싸. 하지만 난 나의 아파트가 맘에 들어. 이것은 더 편안하고 덜 시끄러워. 게다가 난 예전보다 돈을 더 많이 벌잖아.

GRAMMAIRE

1 비교급/최상급 (Comparatif / Superlatif)

1. 형용사/부사 비교

plus			que~보다 더 형용사/부사 하다
aussi	형용사/부사	que	que~만큼 형용사/부사 하다
moins			que~보다 덜 형용사/부사 하다

1) 형용사 비교

Sébastien est plus grand que Nicolas. (쎄바스티앙은 니꼴라보다 더 크다.)
Sébastien est aussi grand que Nicolas. (쎄바스티앙은 니꼴라만큼 크다.)
Sébastien est moins grand que Nicolas. (쎄바스티앙은 니꼴라보다 덜 크다.)

Elle est plus grosse que toi. (그 여자가 너보다 더 뚱뚱하다.)
Elle est aussi grosse que toi. (그 여자는 너만큼 뚱뚱하다.)
Elle est moins grosse que toi. (그 여자가 너보다 덜 뚱뚱하다.)

△ 형용사는 주어의 성수에 일치시킨다.
△ que 다음의 비교대상이 인칭대명사일 경우에는 강세형(moi, toi, lui, elle, nous, vous, eux, elles)을 쓴다.

2) 부사 비교

Elle marche plus vite que Cyril. (그 여자가 씨릴보다 더 빨리 걷는다.)
Elle marche aussi vite que Cyril. (그 여자가 씨릴만큼 빨리 걷는다.)
Elle marche moins vite que Cyril. (그 여자가 씨릴보다 덜 빨리 걷는다.)

△ 부사는 주어의 성수에 관계없이 불변한다.

2 동사 비교

동사	plus	que	que~보다 더 동사 하다
	autant		que~만큼 동사 하다
	moins		que~보다 덜 동사 하다

Il mange plus qu'avant. (그는 예전보다 더 먹는다.)
Il mange autant qu'avant. (그는 예전만큼 먹는다.)
Il mange moins qu'avant. (그는 예전보다 덜 먹는다.)

3 명사 비교

plus de	명사	que	que~보다 더 명사 하다
autant de			que~만큼 명사 하다
moins de			que~보다 덜 명사 하다

△ 비교부사 뒤에는 바로 명사가 올 수 없다. 명사를 비교할 때에는 명사 앞에 반드시 전치사 de를 사용하며, de 다음에는 무관사 명사가 온다. 셀 수 있는 명사일 경우엔 복수로, 셀 수 없는 명사일 경우엔 단수로 표기한다.

Loïc a plus de pantalons qu'elle. (로익은 그녀보다 바지가 더 많다.)
Loïc a autant de pantalons qu'elle. (로익은 그녀만큼 바지가 많다.)
Loïc a moins de pantalons qu'elle. (로익은 그녀보다 바지가 덜 많다.)

Tu as plus d'argent que moi. (넌 나보다 돈이 더 많다.)
Tu as autant d'argent que moi. (넌 나만큼 돈이 많다.)
Tu as moins d'argent que moi. (넌 나보다 돈이 덜 많다.)

RAMMAIRE

4 특별한 비교급

bon의 비교급

plus bon(ne) (x) → meilleur(e) (o)

Le vin français est plus bon que le vin italien. (x)
Le vin français est meilleur que le vin italien.
(프랑스 와인은 이탈리아 와인보다 더 맛이 좋다.)
Le vin français est aussi bon que le vin italien.
(프랑스 와인은 이탈리아 와인만큼 맛이 좋다.)
Le vin français est moins bon que le vin italien.
(프랑스 와인은 이탈리아 와인보다 덜 맛이 좋다.)

La cuisine italienne est plus bonne que la cuisine anglaise. (x)
La cuisine italienne est meilleure que la cuisine anglaise.
(이탈리아 요리는 영국 요리보다 더 맛있다.)
La cuisine italienne est aussi bonne que la cuisine anglaise.
(이탈리아 요리는 영국 요리만큼 맛있다.)
La cuisine italienne est moins bonne que la cuisine anglaise.
(이탈리아 요리는 영국 요리보다 덜 맛있다.)

bien의 비교급

plus bien (x) → mieux (o)

Anne chante plus bien que toi. (x)
Anne chante mieux que toi.
(안느는 너보다 더 노래를 잘해.)
Anne chante aussi bien que toi.
(안느는 너만큼 노래를 잘해.)
Anne chante moins bien que toi.
(안느는 너보다 노래를 못해.)

5 최상급

1) 형용사의 최상급

le/la/les + plus / moins + 형용사 + (de)

형용사의 성,수에 따라 정관사 le, la, les를 붙이며, 최상급 뒤에는 보통 뒤에 '~중에서'란 뜻의 전치사 de를 쓴다.

Fabien est le plus fort de sa classe. (파비앙은 자기 반에서 가장 힘이 세다.)
Marie est la plus forte de sa classe. (마리는 자기 반에서 가장 힘이 세다.)

2) 부사의 최상급

le + plus / moins + 부사 + (de)

Je cours le plus vite de ma classe. (내가 우리 반에서 가장 빨리 달린다.)
Il se lève toujours le plus tôt. (그는 항상 제일 일찍 일어난다.)

3) 동사의 최상급

동사 + le + plus / moins + (de)

Il gagne le plus de ses amis. (그는 친구들 중에서 (돈을) 제일 많이 번다.)
Tu travailles le moins de nous. (넌 우리 중에서 가장 적게 일을 한다.)

4) 명사의 최상급

le + plus / moins de + 명사 + (de)

Elle a lu le plus de livres de ses sœurs. (그녀가 자매들 중에서 가장 많은 책을 읽었다.)
J'ai le moins d'argent. (내가 제일 적은 돈을 가지고 있다.)

1 다음 문장을 우리말에 맞게 비교급으로 바꾸세요.

1) Le train est _____ rapide que la voiture.
   (기차는 자동차보다 더 빠르다.)

2) Au printemps, il fait _____ chaud qu'en été.
   (봄은 여름보다 덜 덥다.)

3) A Paris, il y a _____ habitants qu'à Grenoble.
   (파리에는 그르노블보다 거주민이 더 많다.)

4) Christophe va au théâtre _____ souvent qu'Alain.
   (크리스토프는 알랭만큼이나 자주 극장에 간다.)

5) Elle dort _____ que son mari.
   (그녀는 그녀의 남편보다 덜 잔다.)

6) Il y a _____ livres dans une librairie que dans ma bibliothèque.
   (서점에는 내 서재보다 더 많은 책들이 있다.)

2 형용사 **bon** 과 부사 **bien** 의 비교급을 만들어 보세요.

1) Le vin italien est bon. Le vin chilien est _____
   (이탈리아 와인은 맛있다. 칠레 와인은 더 맛있다.)

2) La glace au chocolat est bonne. La glace à la vanille est _____
   (초콜릿 아이스크림은 맛있다. 바닐라 아이스크림은 더 맛있다.)

3) En Italie, on mange bien. En France, on mange _____
   (이탈리아에서는 사람들이 잘 먹는다. 프랑스에서는 사람들이 더 잘 먹는다.)

4) Loïc danse bien. Je danse _____
   (로익은 춤을 잘 춘다. 난 더 잘 춘다.)

5) Cette année les résultats de Jeanne est _____ que l'anne dernière.
   (올해 쟌의 성적이 작년보다 더 좋다.)

3 다음 주어진 두 문장과 의미가 통하는 비교급 문장을 만들어 보세요.

1) Antoine mesure 1 mètre 74. Christophe mesure 1 mètre 81.
   ➡ Christophe est _____ grand qu'Antoine.

2) Je voyage 2 fois par an. Il voyage tous les mois.
   ➡ Je voyage _____ souvent que lui.

3) Nous avons 20 CD. Tu as aussi 20 CD.

➡ Nous avons _____ CD que toi.

4) Elle lit 3 livres par mois. Je lis 5 livres par mois.

➡ Elle lit _____ que moi.

5) Cyril a 50 euros. Vous avez 35 euros.

➡ Cyril a _____ argent que vous.

4 다음 문장을 우리말에 맞게 최상급으로 바꾸세요.

1) Hélène est _____ petite de sa famille.

 (엘렌은 가족 중에서 키가 가장 작다.)

2) Ce téléphone est _____ léger et _____

 (이 핸드폰이 가장 가볍고, 가장 좋아요.)

3) François gagne _____ de tous ses amis.

 (프랑쑤와는 자기 친구들 중에서 돈을 가장 적게 번다.)

4) Elle a _____ d'argent de nous.

 (그녀는 우리 중에서 가장 돈이 많다.)

Voca

▫**rapide** 빠른 ▫**habitant** m. 거주자 ▫**vanille** f. 바닐라 ▫**résultat** m. 결과; 성적 ▫**mesurer** 재다, 측정하다 ▫**léger(ère)** 가벼운

Leçon 20 Fais du sport !

 Dialogue

 Track 60

Loïc : Aurélie, tu es très mince. Je voudrais maigrir aussi.

Aurélie : Tu fais du sport ?

Loïc : Non, je ne fais jamais de sport.

Aurélie : Alors fais du sport ! Et marche beaucoup mais ne mange pas trop surtout !

Loïc : C'est difficile. J'aime beaucoup les gâteaux et les glaces...

Aurélie : Ne regarde pas les gâteaux et ne mange pas de glaces ! Et prends de la salade et des fruits ! C'est bon pour la santé.

Loïc : Merci de tes conseils mais je ne suis pas très courageux peut-être...

□ **surtout** 특히　□ **difficile** 어려운　□ **santé** f. 건강　□ **conseil** m. 충고, 조언　□ **courageux(se)** 용감한; 열의가 있는

로익 : 오렐리, 너 되게 날씬하다. 나도 살 빼고 싶어.

오렐리 : 너 운동 하니?

로익 : 아니, 나 운동은 전혀 안 해.

오렐리 : 그러면 운동을 해! 그리고 많이 걸어 하지만, 특히 과식하지마!

로익 : 어렵다. 난 케이크와 아이스크림을 무지 좋아하는데……

오렐리: 케이크는 쳐다보지도 말고 아이스크림은 먹지마!
그리고 샐러드와 과일을 먹어. 건강에도 좋거든.

로익 : 조언 고마워. 그런데 난 그다지 의지가 없어 아마도……

GRAMMAIRE

1 명령법 (impératif)

1. 명령법은 tu, nous, vous에서만 사용할 수 있으며, 각각 '~해라, ~합시다, ~하세요'로 해석한다. 그리고 이 세 가지 형태는 직설법 현재형에서 주어를 생략하면 된다. 하지만 tu에 대한 명령에서는 1군 동사의 -es에서 끝자음 –s는 생략한다.

chanter (노래하다)
Tu chantes. → **Chante** !
Nous chantons. → **Chantons** !
Vous chantez. → **Chantez** !

△ 2군, 3군 동사는 아무 것도 생략하지 않고 동사 변화 그대로 쓴다.

finir (끝내다, 마치다)
Tu finis. → Finis !
Nous finissons. → Finissons !
Vous finissez. → Finissez !

partir (떠나다)
Tu pars. → Pars !
Nous partons. → Partons !
Vous partez. → Partez !

△ aller 동사와 ouvrir, offrir와 같이 1군 처럼 변하는 동사도 tu에 대한 명령문에서 끝자음 –s를 탈락시킨다.

aller (가다)
Tu vas à la bibliothèque. → **Va** à la bibliothèque !
Nous allons à la bibliothèque. → Allons à la bibliothèque !
Vous allez à la bibliothèque. → Allez à la bibliothèque !

ouvrir (열다)	
Tu ouvres la fenêtre. →	**Ouvre** la fenêtre !
Nous ouvrons la fenêtre. →	Ouvrons la fenêtre !
Vous ouvrez la fenêtre. →	Ouvrez la fenêtre !

2. 명령법의 특수한 형태

être, avoir, savoir는 다음과 같은 형태를 취한다.

être	avoir	savoir	vouloir
Sois	Aie	Sache	Veuille
Soyons	Ayons	Sachons	
Soyez	Ayez	Sachez	Veuillez

Sois prudent ! (신중해라!)
N'aie pas peur ! (두려워하지마!)
Veuillez entrer, s'il vous plaît ! (들어오세요!)
Veuillez vous asseoir ! (앉으세요!)

△ Vouloir의 2인칭 복수 형태의 Veuillez는 무언가를 정중하게 요구하거나 부탁할 때 사용한다.

3. 대명동사의 명령형

대명동사에서의 명령형은 다음과 같이 변하며, 긍정명령형에서 te는 toi로 바뀐다.

se lever (일어나다)	
Tu te lèves. →	**Lève-toi** !
Nous nous levons. →	Levons-nous !
Vous vous levez. →	Levez-vous !

se lever (일어나다)	
Tu ne te lèves pas. →	Ne te lève pas !
Nous ne nous levons pas. →	Ne nous levons pas !
Vous ne vous levez pas. →	Ne vous levez pas !

EXERCICES

1 다음 문장을 긍정명령형으로 고치세요.

1) Tu regardes la télévision. ➡
2) Vous étudiez le français. ➡
3) Tu vas à la montagne. ➡
4) Nous prenons du fromage. ➡
5) Vous offrez des fleurs. ➡
6) Tu finis jusqu'à 17 heures. ➡

2 다음 질문에 명령형으로 답하세요.

ex.) Je peux partir ? – Bien sûr, pars !
1) Papa, je peux inviter mes amis après-demain ? ➡
2) Julien, je peux attendre avec toi ? ➡
3) Maman, je peux prendre du pain ? ➡
4) Pardon, je peux fumer ici ? ➡
5) Je peux aller au cinéma demain soir ? ➡
6) Pardon madame, je peux m'asseoir ? ➡

3 다음 문장을 부정명령형으로 만드세요.

1) Tu téléphones à Louis. ➡
2) Vous êtes en retard. ➡
3) Tu choisis ce pantalon. ➡
4) Nous nous parlons. ➡
5) Vous faites les courses. ➡
6) Tu te laves. ➡
7) Tu ouvres la porte. ➡
8) Nous avons peur. ➡
9) Vous lisez le magazine. ➡
10) Tu te décourages. ➡
11) Vous parlez de Nicolas. ➡

프랑스 요리 cuisine française 2

부야베스 bouillabaisse

까술레 cassoulet

끼슈 quiche

꼬꼬뱅 coq au vin

크레프 crêpe

타르트 tarte

치즈 fromage

 부록

여러가지 형태의 부정형 (négations)

동사 앞,뒤에 부정을 나타내는 ne와 pas를 넣는 ne~pas 형태에서 pas대신 다음과 같이 다른 어구를 써서 뉘앙스가 다른 부정형을 만들 수도 있다.

ne ~ jamais	결코,절대로 ~ 않다	ne ~ rien	아무것도 ~ 않다
ne ~ plus	더이상 ~ 않다	ne ~ personne	아무도 ~ 않다
ne ~ guère	거의 ~ 않다	ne ~ ni...ni...	...도 ...도 ~ 않다

ne ~ jamais (결코,절대로 –않다)

Je ne danse jamais. (난 절대 춤추지 않는다.)
Elle ne pleure jamais. (그녀는 결코 울지 않는다.)
Il ne rit jamais. (그는 절대 웃지 않는다.)
Je n'ai jamais travaillé dans la publicité. (난 광고회사에서 일한 적이 없다.)

ne ~ plus (더 이상 –않다)

Tu ne sors plus ? (너 더 이상 외출하지 않니?)
Sébastien n'habite plus à Paris. (쎄바스띠앙은 더 이상 파리에 살지 않는다.)
Elle n'a plus d'argent. (그녀는 더 이상 돈이 없다.)
Je ne t'aime plus. (난 더 이상 널 사랑하지 않아.)

ne ~ guère (거의 –않다)

Elles ne travaillent guère. (그녀는 거의 일하지 않는다.)
Je ne regarde guère la télévision. (난 거의 텔레비전을 보지 않는다.)
Ils ne viennent guère nous voir. (그들은 우리를 거의 보러 오지 않는다.)
Il n'a guère changé. (그는 거의 변하지 않았다.)

ne ~ rien (아무것도 –않다)

Tu ne comprends rien. (넌 아무것도 이해 못하는구나.)
Je ne sais rien. (난 아무것도 모르겠어.)
Elle ne fait rien. (그녀는 아무것도 안한다.)
Je n'ai rien dit. (난 아무말도 하지 않았어.)

ne ~ personne (아무도 –않다)

Elle n'aime personne. (그녀는 아무도 사랑하지 않아.)
Tu n'invites personne ? (넌 아무도 초대하지 않니?)
Il n'y a personne dans la classe. (교실 안에는 아무도 없어.)
Je n'ai vu personne. (난 아무도 못 봤어.)

△ rien이나 personne은 주어 자리에 놓여 부정문을 만들 수도 있다.
Rien ne change. (아무것도 변하지 않아.)
Rien n'a changé. (아무것도 변하지 않았어.)
Personne ne parle. (아무도 말하지 않네.)
Personne n'a parlé. (아무도 말하지 않았어.)
Personne ne vient. (아무도 오지 않아.)
Personne n'est venu hier. (어제 아무도 오지 않았어.)

ne ~ ni...ni... (...도 ...도 ~ 않다)

Elle ne visite ni Londres ni Rome. (그녀는 런던도 로마도 방문하지 않을 거야.)
Je n'aime ni toi ni elle. (나는 너도 그녀도 사랑하지 않아.)

 **부록**

강세형 인칭대명사 (pronoms toniques)

moi	나	nous	우리들
toi	너	vous	당신, 당신들, 너희들
lui	그	eux	그들
elle	그녀	elles	그녀들

1) 주어나 목적어를 강조할 때

   Moi, je vais au cinéma. (나, 난 영화관에 가.)
   Je t'aime, toi. (난 널 사랑해, 너를)

2) 독립적으로 쓰일 때

   J'aime le vin. - Moi aussi. (난 와인을 좋아해. 나도.)

3) 접속사와 함께, 열거할 때

   J'ai faim, et toi ? (난 배고파, 넌?)
   Il va à la bibliothèque, et elle ? (그는 도서관에 간다. 그녀는?)
   Ma femme et moi, nous allons au marché. (나의 아내와 나는 시장에 간다.)

4) 전치사와 함께

   Tu es avec lui ? (너 그 남자와 함께 있니?)
   Vous venez chez moi ? (저희 집에 오실래요?)

5) 비교급에서 que 뒤의 비교대상으로

   Elle est plus grosse que toi. (그녀는 너보다 더 뚱뚱하다.)

6) C'est/ce sont 구문에서

   C'est moi. (나야.)
   Ce sont eux. (그들이다.)

XERCICES

Leçon 01 — un livre, le ciel, du lait

1. 1) une 2) un 3) un 4) une 5) un 6) des 7) un 8) un 9) une 10) des 11) un 12) des 13) une
2. 1) le 2) le 3) les 4) la 5) le 6) l' 7) les 8) l' 9) l' 10) la 11) les
3. 1) du 2) de la 3) du 4) du 5) de l' 6) du 7) de la 8) des 9) des 10) du 11) du 12) de l'
4. 1) des garçons 2) des enfants 3) des voitures 4) des fauteuils 5) des cahiers 6) des femmes 7) des voix 8) des oiseaux 9) des pays 10) des chevaux

Leçon 02 — Je suis coréen.

1. 1) suis 2) es 3) est 4) est 5) sommes 6) êtes 7) sont 8) sont
2. 1) Elle est boulangère. 2) Elles sont serveuses. 3) Elle est chanteuse. 4) Elle est professeur. 5) Elles sont actrices.
3. 1) êtes, suis 2) sommes 3) es, ne suis pas 4) sont 5) est, n'est pas
4. 1) grande 2) n'est pas coréen 3) gentilles 4) ne suis pas étudiant(e) 5) ne sont pas beaux

Leçon 03 — Vous regardez la télévision.

1. 1) je parle français 2) il aime la France 3) elles ne regardent pas la télévision 4) je n'habite pas au Brésil
2. 1) vous 2) tu 3) nous 4) ils/elles 5) vous 6) je/il/elle 7) vous
3. 1) étudie 2) écoutez, écoute 3) dînent 4) fumons 5) déjeunes 6) apportent 7) donne

Leçon 04 — J'achète une jupe.

1. 1) mangez, mange 2) voyageons, voyagent 3) commençons, commence 4) achètent, achetez 5) préférez, préfère 6) envoies, envoyons 7) essaye/essaie, essayons
2. 1) je n'achète pas la robe 2) je préfère la montagne 3) je ne paye/paie pas en liquide 4) j'appelle la secrétaire

Leçon 05 — Je m'appelle Bernard. Et vous, vous vous appelez comment ?

1. 1) te rases 2) vous parlez 3) se repose 4) nous détestons 5) me déshabille 6) se téléphonent
2. 1) elles se réveillent à cinq heures 2) Tu t'appelles comment 3) vous vous levez tôt et vous vous couchez tard 4) on ne se parle plus 5) ils s'aiment
3. 1) elles s'habillent 2) ils ne se parlent pas 3) je me maquille tous les jours 4) je ne me promène pas le matin

Leçon 06 — C'est Marie. C'est une voiture.

1. 1) c'est 2) c'est 3) c'est 4) ce sont 5) c'est 6) ce sont 7) ce sont 8) c'est 9) c'est 10) c'est
2. 1) ce n'est pas un dictionnaire 2) ce ne sont pas des parapluies 3) ce ne sont pas des euros 4) ce n'est pas une pharmacie 5) ce ne sont pas des enfants
3. 1) c'est une jupe 2) ce n'est pas un journaliste 3) ce sont des chaussures de sport 4) ce ne sont pas des roses 5) c'est une librairie

Leçon 07 — Ma voiture est rouge.

1. 1) de l' 2) du 3) de la 4) de l' 5) des
2. 1) à l' 2) au 3) au 4) à la 5) aux

Leçon 08 Ma voiture est rouge.

1. 1) votre 2) son 3) leurs 4) mon 5) ses 6) ton 7) notre 8) ses

2. 1) son, sa 2) mes 3) votre 4) leurs 5) tes 6) ton, ton 7) notre

3. 1) ces 2) ce 3) ce 4) ces 5) cette 6) cet 7) ces 8) cet

4. 1) ce 2) cet 3) ce 4) ce, cet 5) cet 6) cette 7) cet 8) ces, cette 9) ces 10) ces

Leçon 09 Vous avez une belle voiture.

1. 1) avez 2) ai 3) avons 4) ont 5) ont 6) a 7) a 8) as

2. 1) avez, ai 2) as, je n'ai pas de carte d'identité 3) ont, ils ont des amis français 4) a, elle n'a pas de téléphone portable 5) a, il n'a pas de lunettes 6) as, j'ai des cahiers

3. 1) est 2) a 3) ont 4) sont 5) a

Leçon 10 Il y a un lit dans ma chambre.

1. 1) dans 2) devant 3) à côté de 4) en face du 5) chez

2. 1) il y a des arbres dans mon jardin 2) il n'y a pas de voitures 3) il n'y a pas d'enfants 4) il y a un pantalon et des lunettes derrière le fauteuil

3. 1) sur 2) dans 3) devant 4) dans 5) derrière

Leçon 11 Quelle heure est-il ?

1. 1) 150 2) 1200 3) 34 4) 49 5) 78 6) 605 7) 500 8) 2008 9) 1000060 10) 16

2. 1) quanrante-deux, soixante-huit, vingt-neuf, cinquante-trois
2) zéro six, quatre-vingt-dix-sept, quatre-vingt-un, trente-cinq, soixante-seize
3) zéro trois, soixante et onze, cinquante-cinq, quatre-vingts, quatre-vingt-dix-neuf

3. 1) le deux avril 2) vendredi 3) le premier septembre, le trois septembre

4. 1) il est cinq heures quarante 2) il est quatorze heures trente 3) il est midi 4) il est huit heures quinze 5) il est vingt et une heures cinquante-cinq

Leçon 12 Quel temps fait-il ?

1. 1) en/au mois de, froid, neige 2) en, beau 3) en, pleut, en/au mois de 4) il neige 5) en été, chaud

2. 1) il ne pleut pas 2) il fait gris et il y a du vent 3) en automne, le ciel est bleu et il fait frais 4) il fait 13 degrés à Séoul

Leçon 13 Tu finis à 18 heures ?

1. grandis, grandis, grandit, grandit, grandissons, grandissez, grandissent, grandissent

2. 1) finissons 2) réfléchissez 3) applaudissent 4) choisis

Leçon 14 Où allez-vous ?

1. 1)

je	pars	nous	partons
tu	pars	vous	partez
il/elle	part	ils/elles	partent

2)

j'	attends	nous	attendons
tu	attends	vous	attendez
il/elle	attend	ils/elles	attendent

3)

je	fais	nous	faisons
tu	fais	vous	faites
il/elle	fait	ils/elles	font

4)

je	peux	nous	pouvons
tu	peux	vous	pouvez
il/elle	peut	ils/elles	peuvent

5)

je	prends	nous	prenons
tu	prends	vous	prenez
il/elle	prend	ils/elles	prennent

6)

j'	vais	nous	allons
tu	vas	vous	allez
il/elle	va	ils/elles	vont

7)

je	viens	nous	venons
tu	viens	vous	venez
il/elle	vient	ils/elles	viennent

2. 1) partez 2) j'attends 3) viens 4) prennent 5) va 6) dormez

3. 1) je viens de Corée 2) je ne sors pas souvent 3) elle écrit à ses parents 4) ils ne lisent pas 5) je fais les courses avec mon mari 6) je ne connais pas ton adresse e-mail 7) nous comprenons 8) elles doivent travailler le dimanche

Leçon 16 Je suis allée à la mer. Et je me suis baignée.

1. 1) vous venez de partir en train ? 2) ils viennent d'arriver sur l'autoroute 3) tu viens de sortir 4) je viens de téléphoner à mes grands-parents 5) elle vient de prendre du thé

2. 1) avons décidé 2) ont joué 3) ai commencé 4) as regardé 5) avez étudié 6) ai grandi 7) a fini

3. 1) j'ai habité 2) tu as eu 3) vous avez mangé 4) il a rencontré 5) elles ont bu 6) Mes parents ont passé 7) j'ai pris 8) tu as mis 9) elle n'a pas compris 10) j'ai gagné 11) nous avons fait 12) vos chaussures ont été

4. 1) ai vu 2) ont eu 3) n'ai pas lu 4) n'a pas vendu 5) ai attendu 6) n'ont pas fait 7) ai pris

Leçon 17 Je suis allée à la mer. Et je me suis baignée.

1. 1) êtes arrivé(e) 2) est mort 3) est née 4) sont allés 5) sont venus

2. 1) Je suis allé(e) 2) Tu es rentré(e) 3) Elle est montée 4) Ils sont restés 5) Elles sont sorties

3. 1) me suis levée 2) je ne me suis pas endormie tout de suite 3) elles ne se sont pas couchées tard

4. me suis levé(e), ai mangé, ai visité, sommes allé(e)s, avons bu, suis rentré(e)

Leçon 18 Qu'est-ce que vous allez faire cet après-midi ?

1. 1) vas arriver 2) va partir 3) allons apprendre 4) vont envoyer 5) Je vais acheter 6) va pleuvoir 7) va aller 8) allez faire

2. 1) prendras 2) irons 3) attendrai 4) pourra 5) aurez 6) verront 7) travailleront 8) seras 9) devra 10) viendrai

3. 1) habiterai 2) achèteront 3) resterez 4) neigera 5) sortirai 6) partiront 7) lirez 8) écriront 9) attendrons 10) prendras 11) feras 12) fera

Leçon 19 Il est plus grand que moi.

1. 1) plus 2) moins 3) plus d' 4) aussi 5) moins 6) plus de

2. 1) meilleur 2) meilleure 3) mieux 4) mieux 5) meilleurs

3. 1) plus 2) moins 3) autant de 4) moins 5) plus d'

4. 1) la plus 2) le plus, le meilleur 3) le moins 4) le plus

Leçon 20 Fais du sport !

1. 1) Regarde la télévision ! 2) Étudiez le français ! 3) Va à la montagne ! 4) Prenons du fromage ! 5) Offrez des fleurs ! 6) Finis jusqu'à 17 heures !

2. 1) Invite ! 2) Attends ! 3) Prends ! 4) Fumez ! 5) Va au cinéma ! 6) Asseyez-vous !

3. 1) Ne téléphone pas à Louis ! 2) Ne soyez pas en retard ! 3) Ne choisis pas ce pantalon ! 4) Ne nous parlons pas ! 5) Ne faites pas les courses ! 6) Ne te lave pas ! 7) N'ouvre pas la porte ! 8) N'ayons pas peur ! 9) Ne lisez pas le magazine ! 10) Ne te décourage pas ! 11) Ne parlez pas de Nicolas !

MEMO

MEMO

동양북스 채널에서 더 많은 도서 더 많은 이야기를 만나보세요!

외국어 출판 45년의 신뢰
외국어 전문 출판 그룹
동양북스가 만드는 책은 다릅니다.

45년의 쉼 없는 노력과 도전으로 책 만들기에 최선을 다해온
동양북스는 오늘도 미래의 가치에 투자하고 있습니다.
대한민국의 내일을 생각하는 도전 정신과 믿음으로 최선을 다하겠습니다.